KB247306

의사결정의 원칙

빠르고 과학적인
의사결정의 원칙

나카지마 하지메 지음 | 김은주 옮김

이코_북
Eco. Book

지금, 여기서, 당신이 결단하라

20세기 후반은 국가나 기업 또는 기업 내 각 부문, 즉 조직이라는 틀이 강력하게 뒷받침되면서 고도 경제성장이 실현된 시대였다. 그만큼 비즈니스 세계를 이끌어가는 지도자들은 지금까지의 성공 체험에서 얻은 지식과 선배들이 만들어 놓은 규범, 기준, 전례, 순서, 절차 등을 근거로 의사결정을 하기만 하면 됐다. 게다가 이 시기에는 이런 수동적인 스타일이 장려되었다.

그러나 우리가 직면하고 있는 21세기 초의 경제 환경은 과거와는 그야말로 180도 다르다. 글로벌 경쟁 시대에 접어들면서 시장과 고객의 요구는 더욱 다양화되었을 뿐 아니라, 하루가 다르게 역동적이며 빠른 속도로 변화하고 있다. 기술 부문 역시 전문 영역의 경계를 넘어서는 제휴가 다방면으로 이뤄지면서 질적 전환이 멈추지 않고 있다.

인터넷으로 연결된 사업 환경을 살펴보면 국가와 기업, 그리고 사내 조직까지 평준화를 이루면서 지역·국가 간 경계가 사라지고 있다. 그뿐 아니라 고객이나 다른 분야 또는 비슷한 업종의 전문가, 때로는 경쟁 상대와도 제휴를 시도함으로써 어떻게 하면 고객의 요구에 1초라도 빨리 대응하는지가 생존 조건이 되었다.

세계 초우량 기업의 경영자들이 제일 중요한 과제로 내세우는 것이 바로 '우수한 비즈니스 리더의 확보와 육성'이다. 그들이 원하는 전문 리더는 격변하는 비즈니스 환경에서 기업이 살아남기 위한 절체절명의 경영 과제를 해결할 인물이자, 안심하고 도전적인 과제를 위임할 만한 인물이다

이런 전문 리더늘에게 바라는 점은 기민한 상황 파악, 어려운 환경을 극복하기 위한 목표나 방향 설정에 주저함이 없는 결단력, 조직 안팎에 우수한 인재를 집결시켜 그들에게 적절한 과제 및 동기를 부여하는 능력 등이다. 또한 그들은 주어진 시간 안에 목표를 확실하게, 지속적으로 달성해야 하는 책임과 임무도 지닌다.

전문 리더들의 매니지먼트 능력에서 핵심 기반을 이루는 것이 바로 의사결정 기술이다. 물론 개개인의 가치관이나 집념 등은 기본 전제 조건이며, 매니지먼트의 근간은 어디까지나 '결정하고 행동하는 것'이다. 즉, 쉴 새 없이 공을 차는 것이 축구선수들의 기본 임무이자 업무이듯, 전문 리더들의 기본 업무이자 주요 임무는 '의사결정'이나.

나는 의사결정 기술을 연구, 지원하는 컨설팅 회사 케프너 트리고(Kepner Tregoe)에서 30여 년간 일하면서, 세계 최고 기업들의 경영자들과 함께 의사결정력을 높이기 위한 연구 및 비즈니스를 펼쳐왔다. 오랫동안 이 같은 컨설팅 업무를 하면서 깨달은 사실 하나는 아무리 뛰어난 경영자나 우량 기업이라도 예기치 못한 위기에 직면해

조직이 붕괴되기 직전까지 가는 경험을 한다는 것이다.

현재 절정기에 도달한 듯한 초일류 기업들도 보통 10년에 한두 번 정도는 감당하기 어려운 역경에 처한다. 즉, 아무리 잘 만들어진 범선이라도 막상 바다라는 자연에 들어서면 예측할 수 없는 파도나 해일에 휩쓸려 침몰 위기에 처할 수 있다. 그런데 만일 조타 기술로는 도저히 극복할 수 없는 상황이라면 어떻게 할 것인가? 범선은 만일의 경우에 대비해 선체가 어느 정도 기울어져도 원상태로 확실하게 복원시켜주는 용골*이 장착되어 있어서 거친 파도 속에서도 재빨리 위치를 바로잡을 수 있다.

경영상 어려움에 직면해 고전하고 있는 기업을 예전의 건전한 경영 상태로 신속하게 회복시켰던 인물들은 의사결정 기술을 끊임없이 연마해온 우수한 의사결정 리더였다. 이들이 바로 거친 파도 속에서도 위기를 극복할 수 있게 해주는 용골에 해당한다. 그런데 용골은 잔잔한 바다 위에서도 중요한 임무를 맡는다. 단지 어려운 상황에서 그 존재가 더욱 부각될 뿐이다.

위기 극복 시스템이 제대로 작동하는 기업에는 경영자나 리더의 의사결정이 얼마나 중요하고 핵심적인 기술인지를 직접 체험한 인물들이 다수 포진해 있다. 이들은 자신의 의사결정 능력을 강화하기 위해 의식적으로 끊임없이 노력한다.

이와 마찬가지로 글로벌 경쟁을 통해 고객의 신뢰를 지속적으로

✱ 용골(Keel) : 배의 바닥 중앙을 세로로 관통하며 뱃머리와 후미를 연결시키는 사람의 등뼈와도 같은 선박의 핵심 구조재다.

획득하고 있는 기업에는 의사결정 스피드를 그 무엇보다 중요하게 여기는 조직 문화가 형성되어 있다.

이 책은 우수 기업들의 경영자와 저자가 함께 쌓아온 연구, 경험을 바탕으로 의사결정의 기본 프로세스 및 조직적 활용에 관한 내용을 이해하기 쉽도록 일목요연하게 정리한 기록이다. 따라서 지금까지 의사결정 기술에 관해 충분히 학습하고 활용할 기회가 없었던 분들에게 이 책이 좋은 계기가 되었으면 하는 바람이다.

이 책은 30여 년 동안 나에게 다양한 지혜와 경험을 갖추도록 기회를 준 케프너 트리고사와 그곳의 동료들, 그리고 기획 편집에 많은 도움을 준 일본능률협회 매니지먼트센터 사카다 히로시의 따뜻한 충고 덕에 세상에 나올 수 있었다. 그들에게 깊이 감사드린다.

지은이

나카지마 하지메(中島 一)

제3부 응용편

의사결정은
빠를수록 좋다

유감스럽게도 의사결정이 느린 사람이나 조직들을 살펴보면 의사결정의 생산성에 대해 정확히 인식하고 있는 경우가 아주 드물다.

1

의사결정 스피드가 회사의 미래를 결정한다

A사와 B사는 경쟁 관계다. 차기 신상품을 결정하는데 A사는 2주, B사는 4주가 걸렸다. 신상품 결정에 참여한 인원과 상품의 성능이 똑같다고 가정한 뒤, 이런 과정이 1년간 지속된다면 의사결정 속도는 두 기업의 성장에 어떤 영향을 미칠 것인가?

내가 분석한 바로는 정신적 노동을 하는 사람들의 업무에서 의사결정에 소요되는 시간은 전체 근무 시간의 약 15~30%, 회의 시간까지 합치면 50% 가까이 차지한다.

의사결정에 투입하는 시간이 이 정도라면, 생산성에 2배의 오차까지 감안했을 때 두 회사의 실적은 그 이상 벌어지게 된다. 더구나 이런 과정이 1년간 지속된다면 B사는 이미 A사의 경쟁 상대가 되지 못할 것이다.

물론 '시간을 충분히 들여야 좋은 안이 만들어진다.'거나 '다른 회사보다 좋은 안을 만들어낸다면 좋은 상품을 만들 수 있고 결과적으로 더 높은 성과를 올릴 수 있지 않겠는가?' 등의 반론도 있을 수 있다.

맞는 말이다. 다만 정당한 이유로 시간을 투입했고, 그 결과 타사보다 단연 뛰어난 답이나 결과를 얻어낸 경우에 한해서만 그렇다.

기업이 의사결정의 스피드 향상을 통해 얻을 수 있는 성과로서의 '기회 획득', '빠른 사람이 이긴다.'라는 측면도 잊어서는 안 될 것이기 때문이다. 과거에도 스피드가 기업 경쟁의 중요한 요소였지만 인터넷 시대로 접어들면서 최초로 투입된 상품이나 서비스가 순식간에 시장을 독점해 후발주자로 참여하는 기업들은 좀처럼 살아남기 어려운 경향이 강해져 '스피드'가 경쟁의 핵심 요소로 등장했다.

이러한 의사결정의 가치를 수식으로 표현하면 다음과 같다.

$$\text{의사결정의 가치} = \frac{\text{의사결정의 품질} \times \text{기회 획득률}}{\text{결정에 소요되는 비용}}$$

$$\frac{\text{(적확성)} \qquad \text{(시기)}}{\text{(인원} \times \text{시간} + \text{경비)}}$$

이 수식은 다음과 같이 설명할 수 있다.

1. 똑같은 답을 얻는 데 소요된 비용이 적을수록 의사결정의 생산성은 높다.
2. 똑같은 답을 얻는 데 소요된 시간(일수)이 짧을수록 기회 획득의 가능성은 높아진다,
3. 더 적은 시간과 일수로 적중률이 더욱 높은 답을 이끌어낸다면 의사결정의 가치는 결정적으로 높아진다.
4. 적중률을 높이기 위해 더 많은 시간과 노력을 투입하고자 한다면 그것이 기회 손실을 초래하지 않으며, 이 경우 타사보다 확실하게 적확성을 높일 수 있다는 보장이 있어야만 비로소 그 합리성이 인정된다.

유감스럽게도 의사결정이 느린 사람이나 조직들을 살펴보면 의사결정의 생산성에 대해 이처럼 정확히 인식하고 있는 경우가 아주 드물다. 이런 사람이나 조직에 발생하기 쉬운 대표적인 문제는 다음과 같다. 당신 주변에도 이런 사람이나 조직이 반드시 있을 것이다.

≫ 비용에 대한 의식이 결여된 사람이나 조직

각각의 의사결정이 만들어내는 가치, 특히 돈으로 환산된 가치에 대한 의식이 부족하기 때문에 투입해도 좋은 인원, 시간, 기간을 전혀 파악하지 못하고 있다. 예를 들어, 어느 곳을 선택하든 별 차이가 없는 사무용 비품 구입처를 결정하는 데 시간을 하염없이 허비하는 사람이나 조직이다.

≫ 기회 손실에 대한 의식이 부족한 사람이나 조직

현대의 치열한 시장 경쟁 사회에서 뒤늦은 출발이 얼마나 치명적인 일인지 전혀 인식하지 못하고 있다. 특히 사내 업무에 파묻혀 밖으로 시선을 돌릴 여유가 없는 사람들은 경쟁에서 이기기보다 현재의 인원과 비용으로 할 수 있는 범위 안에서만 일하려고 한다.

≫ 적확성에 몽상적으로 매달리는 사람이나 조직

정확하지 않은 일, 정답이 아닌 일에 과잉 반응 하거나 수치심을 느끼며 비용이나 시기보다 결과적으로 자신의 답변이 정확했다는 것에 만족감을 얻는다. 100% 정답, 100점 만점에 집착해 정보가 모두 입수된 다음에 판단하고자 하므로 경쟁에서는 늘 선수를 빼앗긴다. 그래도 답변이 옳았다는 사실에 집착하면서 자신의 습관을 버리지 못한다.

≫ 책임 소재가 애매한 사람이나 조직

처음부터 개별 과제에 대한 의사결정 책임이 누구에게 속하는지 명확하게 구분되어 있지 않다. 조직 내부의 대립을 피하기 위해 의사결정을 회피하거나 상황에 따라 제멋대로 해석할 수 있도록 교묘하게 고안해놓는다. '빨간 신호등도 다 같이 건너면 무섭지 않다.' 는 식의 의식이나 조직 문화가 만연되어 있다.

이와는 대조적으로 움직임이 기민한 기업들은 의사결정의 스피드 향상이 경쟁력의 근본임을 정확히 인식하고 있으며, 의식적으로 조직과 구성원의 의사결정 능력을 키운다. 이런 기업들은 의사결정의 기한이나 비용을 명확하게 정해놓고 기회 손실에 대한 경고 제도까지 설치, 관리하고 있다. 또한 의사결정에 대한 책임을 개인별로 할당하며 조직 간의 대립이 발생했을 때는 공개적으로 결제하도록 체계화해놓고 상황이 불투명한 경우에는 행동하면서 리스크를 관리해나가는 기법을 도입하고 있다.

　나는 지금까지 의사결정은 느리지만 경영 실적은 탁월하다는 회사를 단 한 번도 목격한 적이 없다. 마찬가지로 의사결정이 빠른데도 실적은 형편없다는 조직이나 사람 역시 드물지 않을까 생각한다.

사람과 조직을 위기에서 구하는 '속전속결'

　이제 의사결정의 스피드가 회사의 실적 향상에 얼마나 중요한지는 충분히 이해했으리라 생각한다. 또 드물기는 하지만 초를 다투며 의사결정을 내려야 하는 특수한 경우도 있다. 판단할 시간이 전혀 없는 상황, 즉 그 자리에서 즉각 의사결정을 내려야 하는 비상사태에도 대비해야 한다.

　구체적인 사례를 들어 설명해보겠다.

≫ 천재지변이나 재해로 인한 사고 발생

- 관동 대지진이나 고베 지진 같은 거대 지진 발생.
- 공장에 전혀 예상치 못한 폭발이나 화재 등의 사고 발생.
- 집중 호우로 시내 중심부를 흐르는 강이 범람해 빌딩 지하실에 사람들이 갇혀 있다.
- 비행 중 엔진에서 화염이 치솟았다.
- 운전 중 맞은편에서 차선을 넘어 자동차가 돌진해왔다.

이처럼 발생해서는 안 될 일, 상상조차 하기 싫은 재난 등 긴급 사태에 직면했을 때 인간에게는 빠른 판단과 의사결정이 요구된다. 이런 긴급한 상황에서 의사결정을 올바로 내리기 위해서는 평상시 대비가 필요한데, 현실에서는 늘 이 대비책을 상회하는 돌발 사태가 발생한다.

≫ 기한이 정해진 업무에서 예상 밖의 사태 발생

아무리 뛰어난 결론을 내려도 지정된 시간 안에 의사결정을 하고 실행하지 않으면 효과가 완전히 사라지는 경우도 있다. 이를테면 입찰 마감일, 상환금 결제일, 서류 제출 마감일, 고객에게 제시할 제안서 마감일, 수주 납품일 등이다.

누구에게나 시간을 반드시 지켜야 하는 업무에서 예상치 못한 돌발 사태가 발생하며, 시간에 쫓겨서 충분한 검토 없이 서둘러 결론을 내려버려야 하는 상황이 벌어진다.

≫ 상대방의 돌발적인 행동에 즉각 대응하지 않으면 안 된다

• 100% 믿었던 계약이 경쟁사의 가격 할인, 또는 담합으로 무산될 지경
  이다.
• 신제품 발매 직전에 함유 물질이 유해 물질 규제 대상으로 지정됐다.
• 납품 기일에 맞춰 수송 중이던 기계 부품이 관세법 위반으로 상대국의
  항구에서 압수된 상태다.

이런 경우에는 대응하기 위한 의사결정을 초를 다투면서 하지 않
을 수 없다. 더구나 조금이라도 잘못 대처하다가는 심각한 피해를
입게 된다.

'스피드'라는 단어에는 '경쟁 상대보다 빨리'라는 의미와 함께 순
간적인 판단 능력을 연마한다는 요소도 포함시킬 필요가 있다.

리더는 정보를 판단하고 선택할 줄 알아야 한다

정보 처리의 디지털화와 글로벌 네트워크화는 언제 어디서 누구
라도 필요한 정보나 물건에 즉시 접근할 수 있도록 만들어주었다.
사실 이런 환경은 인류 역사상 처음으로 경험하는 것이다. 그 결과
1990년대 이후의 비즈니스 세계에서는 지금까지 볼 수 없었던 새로
운 변화가 일어나고 있다.

≫ 초고속 경쟁 시대 돌입

PC, 카메라 등 디지털 상품의 수명은 대개 3개월 정도라고 한다. 패션업계는 일주일 정도의 의사결정 지연이 치명상을 초래하므로, 의류 제조업체에서는 사장 이하 간부직원들이 매일 아침, 전날의 판매 실적이나 점포 상황을 디지털 무비 카메라를 이용해 촬영한 뒤 온라인으로 TV 회의를 열어 다음 날에 필요한 상품 종류를 의사결정한다.

신제품의 개발 기간은 10년 전과 비교해 평균 2분의 1~3분의 1 정도로 거의 모든 업종에서 단축되고 있다. 그리고 이 개발 기간은 앞으로 더욱 짧아질 것이다.

≫ 고객이 요구하는 스피드가 변했다

상품을 구입하는 고객이 상품을 만드는 기업과 똑같이 혹은 더 빨리 정보를 입수한다. 더구나 그들은 새로운 상품이나 서비스가 즉각 손에 들어오기를 원하며, 경쟁사보다 단 하루라도 늦게 상품이 도착하면 바로 구입처를 바꾼다.

'지금 당장'이라고 하는 시간이 고객에게 중요한 가치로 대두하고 있다.

≫ 글로벌 경쟁의 스피드가 바뀌었다

소비자들은 전 세계의 상품 카탈로그를 웹사이트에서 바로 확인할 수 있으며, 거기에서 발견한 매력적인 상품들이 빠르면 일주일 안에 그들에게 배달된다.

물건을 만드는 회사들은 경쟁에서 이기기 위해 고성능·고품질, 적절한 가격의 재료나 부품이 없는지 수시로 인터넷을 검색하면서, 어느 곳보다도 빨리 대응해주는 기업으로부터 관련 물품을 입수하려고 체면이나 인정 따윈 내던지고 있다.

이 같은 스피드 경쟁의 압력으로 인해 의사결정의 속도는 더욱더 빨라지고 있다.

전 세계 선진 기업들은 정보를 수집하고 활용하는 인프라를 서둘러 구축하고 있으며, 지도자층의 의사결정력을 단련시켜 어떻게 하면 경쟁사보다 빨리 의사결정을 내릴 수 있는지 연구하기 시작했다.

예전에는 정보 자체를 최대한 보유하고, 그것이 외부로 새어나가지 않도록 독점하는 기업이 우수한 업체로 평가받았다. 그러나 인터넷에 의해 정보가 무한대로 공개된 오늘날, '정보' 자체의 가치보다는 정보를 활용해서 신속하게 의사결정을 내릴 수 있는 '사람'에 대한 가치가 높아졌다.

경쟁사와 라이벌보다 5분 빠른 의사결정

의사결정 스피드가 무엇보다도 중요하게 여겨지는 환경에서 기업의 경영자들이 생각하는 신규 채용이나 승진, 승급 기준 역시 달라졌다. 그들이 절실히 바라는 인재는 자신의 판단으로 즉각 의사결정을 내릴 수 있는 인물, 결정한 결과를 즉각 행동으로 옮길 수 있는 사람이다.

반대로 좀처럼 결단을 내리지 못하는 사람이나 결단이 느린 사람은 주요 직책에서 점점 더 멀어지며, 마찬가지로 이로 인해 조직이나 기업도 제재를 받는 경우가 허다하다. 구체적으로 살펴보자.

≫ 겨우 2년? 벌써 2년?

성숙기를 지난 낡은 비즈니스 모델에 마냥 집착하는 바람에 새로운 비즈니스 모델 도입이 불가능했고 당연히 실적 부진으로 이어졌다. 본인은 이 부서로 배속된 지 겨우 2년밖에 되지 않았다고 생각하지만, 경영자는 2년이나 지났다고 여겨 의사결정이 불가능한 인물로 판단한다.

≫ 뒤로 미루기는 치명타

주요 고객인 모 기업으로부터 내년에 발매할 신상품을 위해 이전보다 성능이 훨씬 뛰어난 부품을 만들어달라는 의뢰가 들어왔다. 이런 경우는 대대적인 투자가 뒤따르게 마련이기 때문에 고민하며 답변을 미루고 있는 사이, 다른 업체가 재빨리 끼어들어 교섭을 벌여 결국 그쪽의 부품을 사용하기로 했다는 소식이 전해졌다. 이 일의 핵심은 '우리가 살아남기 위해서라면 과거의 거래 관계, 인정 따위는 그리 중요하지 않다.'는 선고였다.

≫ 우수한 부하 직원을 잃다

부서에서 업무 능력 1, 2위를 다투는 우수한 부하 직원이 경력을 쌓고 싶다면서 타 부서로 전속을 희망했다. "내년에 생각해보겠네." 라고 답변했더니 2개월 뒤, 그는 희망하는 전문직을 제시한 외자계 기업으로 직장을 옮겨버렸다.

당신이 일하고 있는 회사나 조직에서 의사결정이 지연되는 몇 가지 사례를 떠올려보자. 그 결과 어떻게 업무가 정체되고 있으며, 경쟁력에는 어떤 마이너스 결과가 나타나고 있는지도 생각해보기 바란다.

지금까지는 이런 사태에 대한 문책이나 비난이 그렇게 강하지 않았다. 그 이유는 나중에 깨달으면 회복할 수 있다고 생각했기 때문이다. 그러나 앞의 사례에서도 알 수 있듯이 요즘은 어느 날 갑자기 제재를 당하기 일쑤다. 자신의 느려 터진 의사결정, 뒤로 미루는 습관이 어떤 화를 불러올지 불안한 사람도 적지 않을 것이다.

자, 그럼 이런 상황에서 어떻게 해야 우리 자신을 지켜나갈 수 있을까?

모든 일이 천천히 진행되던 과거에는 남아도는 자원(사람, 물건, 돈)을 투입하고 시간을 충분히 들여서 질적으로 최적의 안을 만들어내는 의사결정 모델이 압도적으로 유리했다.

그러나 인터넷으로 세계가 하나로 연결되고, 초고속으로 상황이 변하는 시대에는 물량 작전의 효과가 상대적으로 떨어지게 마련이다. 따라서 앞으로는 의사결정의 기본 모델을 공유한 소수 그룹이 적절한 정보를 효과적으로 수집하고, 적시에 판단 내리는 모델이 효력을 발휘할 수밖에 없다. 향후 조직에서 도태되지 않으려면 이런 그룹을 스스로 만들거나, 혹은 그 일원이 되는 것을 목표로 삼아야 할 것이다.

의사결정의
메커니즘

글로벌 시대의 도래와 함께 비즈니스맨들의 의사결정에 국제적인 경쟁력이 요구되고 있다. 이를 위해 Trigger, Situation, Objective, Alternative, Criteria & Choice, Risk Management의 기본 용어를 익혀 효과적으로 활용해 보자.

의사결정 6단계

의사결정에는 스피드에 관계없이 올바른 판단을 내리기 위해 반드시 실천해야 할 작업과 점검해야 할 주의점이 있다. 먼저 의사결정의 기본 스텝을 살펴보자.

≫ 1단계 : Trigger (방아쇠의 확인)

의사결정에는 반드시 그런 의사결정을 불러일으킨 Trigger, 즉 방아쇠라는 요소가 존재한다. Trigger에는 외적 환경과 내적 동기라는 두 요소가 있는데, 대개는 외부 변화에 자극받아 심리적인 동인이 작동하기 시작한다. 즉, 주위 환경으로부터 자극을 받고 가만히 있어서는 안 되겠다는 자각이 생기며, 그 다음 단계로 어떻게 할 것인가를 고민하기 시작한다.

의사결정을 내리고자 마음먹었을 때는 반드시 '무엇이 Trigger인가? 지금 나는 왜 이런 의사결정을 내리고자 하는가.' 라고 자문하는 일이 중요하다.

≫ 2단계 : Situation (상황 파악)

행동을 선택하기 전에 사람들은 Trigger 기능을 한 사건의 배경, 현상, 영향 등 이른바 Situation을 제대로 파악하고자 노력한다. 이 Situation 파악 능력은 사람에 따라서 큰 차이가 있는데, 심할 경우에는 일부분으로 전체를 판단해버리는 조급함을 드러내거나 선입견을 사실로 믿어버리는 식의 오류를 범하기도 한다.

Situation을 제대로 파악하지 못하면 당연히 의사결정도 잘못된 방향으로 흐른다. 잘못된 의사결정을 내리는 사람일수록 Situation 파악 단계를 무시하는 경향이 있으므로 자신이 이에 해당하는지 점검해 보기 바란다.

≫ 3단계 : Objective (선택 목적의 확인)

자신과 조직에 가장 바람직한 결과를 끌어내기 위해 현 상황에서 가장 적합한 Alternative는 무엇인가? 이 최적의 Alternative를 선택하는 행위를 의사결정이라고 부른다. 따라서 최종적으로 무엇을 언고 싶은가(이것을 목적이라고 한다)를 명확하게 자기 자신에게 확인시키는 일이 필수적인 요건이다.

예를 들어 최적의 결혼 상대를 선택하는 의사결정을 해야 한다고 하자. 이 의사결정의 전제는 '어떤 목적으로 결혼하는가'이며, 이를 실행하기 전에 반드시 이 전제를 확인해야 할 필요가 있다. 결혼은 Alternative지 Objective가 아니다. 결혼을 통해 얻고자 하는 바람직한 결과는 '더욱 깊은 애정으로 가득 찬 생활'이거나 '아이가 있는 가정' 식으로 사람에 따라서 크게 다를 것이다.

≫ 4단계 : Alternative(목적에 적합한 실행안의 작성)

Alternative는 Objective를 달성하기 위한 수단이다. 결혼으로 말하자면 A, B, C 식의 구체적인 상대가 Alternative에 해당한다.

Objective를 실현하기 위한 Alternative는 대개 복수다. 자신의 기호에 맞는 Alternative만 만들 것이 아니라 대립적인 안도 여러 개 제안할 수 있다면 Alternative에 대한 선택의 여지는 더욱 커진다.

≫ 5단계 : Criteria & Choice(선택 기준의 설정과 비교, 최선안의 선택)

이렇게 만들어진 Alternative 가운데 어느 것을 선택할지에 대한 기준, 즉 선택을 위한 평가 기준을 설정한다. 평가 기준에는 결정하는 데 투입 가능한 자금이나 비용, 시간, 법적 규제 등을 규정한 '제약 조건'과 얻고자 하는 결과를 더욱 구체화한 '기대 성과' 두 가지가 있다.

결혼을 예로 설명하면 결혼 시기 및 생활비 등이 제약 조건에 해당하며, 상대방의 나이와 외모, 태도, 취미 등이 기대 성과에 해당할 것이다.

이 선택에 사용하는 평가 기준을 Criteria(선택 기준)라고 하며, 이 기준에 가장 적합한 Alternative를 선택하는 일을 Choice(최선안의 선택)라고 한다. 제약 조건을 충족하지 못한 안은 제외될 것이며, 기대 성과를 상대적으로 더 많이 충족하는 안이 선택될 것이다.

≫ 6단계 : Risk Management(리스크의 평가 및 대책 마련)

아무리 좋은 Alternative라도 리스크는 반드시 따르게 마련이므로 이를 최소화하기 위한 대책이 필요하다. 대책은 Alternative 자체를 수정하는 형태이거나 안은 그대로 둔 채 대책을 보충하는 형태로 마무리되기도 한다.

1단계	Trigger	방아쇠의 확인
2단계	Situation	상황 파악
3단계	Objective	선택 목적의 확인
4단계	Alternative	목적에 적합한 실행안의 작성
5단계	Criteria & Choice	선택 기준의 설정과 비교, 최선안의 선택
6단계	Risk Management	리스크의 평가 및 대책 마련

〈도표 1〉 의사결정 6단계

이상의 여섯 단계는 모든 의사결정의 배후에 공통적으로 존재하는 메커니즘이다. 따라서 의사결정을 빨리 하겠다는 이유로 이 단계를 무시하거나 건너뛴다면 그만큼의 대가를 지불해야 한다는 점을 명심하기 바란다.

검증 : 도마뱀 과자 사건

'도마뱀 과자 사건'은 엄격한 품질관리로 유명한 일본의 모 제과업체에서 일어난 일이다. 사건은 과자 봉지 안에서 바싹 건조된 상태의 조그만 도마뱀이 나옴으로써 발생했다. 하지만 이 회사의 경우, 의사결정의 기본 스텝을 하나씩 정확히 밟아나감으로써 고객의 고충 처리에 대한 대응이 적절하게 이루어질 수 있었다.

이 회사가 비상사태를 어떻게 분석하고 행동했는지 각 단계별로 살펴보자.

≫ 1단계 : Trigger

회사 홍보과로 느닷없이 모 방송국의 취재 요청 전화가 걸려왔다. '지금 당장 취재하러 가겠다.'는 명령조로 시작해 '당신 회사가 만든 과자 속에서 도저히 믿을 수 없는 이물질이 나왔으며 사회적인 제재 대상이 될 것'이라는 내용이었다. 방송국 측은 사장과의 직접 면담도 요청했다.

≫ 2단계 : Situation

사장은 즉각 품질관리부장에게 정보의 유무를 확인, 다음과 같은 Situation을 파악했다.

"오늘 아침, 과자 봉지 속에 도마뱀이 들어 있다는 소비자의 전화가 품질관리부로 걸려와 즉시 고객의 자택으로 조사요원을 파견했다. 그런데 조사요원의 현지 도착이 늦어지자 기다리다 지친 고객은 결국 시의 위생관리국으로 문제의 제품을 들고 가버렸다. 마침 그곳에서 다른 사건을 취재 중이던 한 방송국 기자가 이를 알아차리고 취재할 가치가 충분하다고 판단, 덤벼들었다. 도마뱀이 나온 문제의 제품은 위생관리국이 보관하고 있어서 구체적인 내용을 전혀 파악할 수 없다."

≫ 3단계 : Objective

이런 상황에서 회사가 얻고자 하는 성과는 '고객의 신체에 해를 끼치지 않으면서 사건을 조속히 해결하는 것'이다. 따라서 사장은 회사의 사활이 걸린 제품의 품질 문제를 조속히 해결하는 것을 Objective로 설정했다. 또한 이 일은 식품 제조업체의 윤리와 관련된 최우선 사항이라고 판단했다.

다행히 불량 제품은 더 이상 나오지 않았지만 자사의 제품으로 인해 고객에게 피해가 생겨서는 안 된다고 생각했다. 그리고 이물질이 정말로 도마뱀인지, 어디서 혼합되었는지, 또 다른 불순물은 혼합되지 않았는지 등등 명확하지 않은 정보가 마구 쏟아지는 속에서도 의사결정의 초점을 흐려서는 안 된다.

≫ 4단계 : Alternative

복수의 Alternative로는 해당 제품의 출하 정지, 제품 수거, 구매 고객에 대한 정확한 정보 전달, 상품 대금 반환, 원인 분석, 고충처리반 설치 등을 생각할 수 있다. 그러나 지금처럼 정보가 충분치 않은 상황에서 구체적인 Alternative를 선택하는 일은 리스크가 너무 크다.

따라서 앞으로 신속한 Situation 전개, 차례로 드러날 정보를 통해 기민하게 의사결정 내릴 수 있는 체계를 갖추는 안이야말로 지금 회사가 선택해야 하는 최선의 Alternative임을 사장은 깨달았다. 그리하여 프로젝트팀과 긴급대책위원회, 그리고 사장과 전무로 구성되는 고위팀(Top-team)이라는 세 개의 체계 구성안이 부상했다.

≫ 5단계 : Criteria & Choice

다음으로 사장은 이 세 가지 안을 비교 평가하는 기준이 무엇인가를 숙고했다. 제약 조건은 고객의 신체에 위해를 끼칠지도 모르는 비상사태에서 순간적으로 의사결정을 내릴 수 있는 권한이 주어지는 것이다. 기대 성과는 도마뱀이 혼합된 원인을 조기에 규명할 것, 매스컴 대책에 실수가 없을 것, 회사의 성의가 고객에게 신속히 전달될 것 등을 들 수 있다. 이 기준에 따라서 평가하면 고위팀 구성이 가장 뛰어난 안이라는 것을 알 수 있다.

≫ 6단계 : Risk Management

그렇다면 이 고위팀 구성안을 채택했을 때, 어떤 리스크가 발생할 것인가?

원인 규명과 대책에 시간이 오래 걸리면 고위층은 대부분의 시간을 이 일에 할애해야 하므로 다른 업무가 심각하게 밀리게 된다.

사장과 전무는 원인 규명이 이루어질 때까지 회사에서 숙식을 해결하는 것으로 이 리스크에 대응하기로 했다. 또 원인 규명 작업에 시의 위생관리국 직원도 참가시킴으로써 공명성을 유지하는 동시에 조사 속도를 가속화시켰다.

일부 회사가 식품 관련 사고에서는 은폐나 변명 일변도로 대응하다가 결국 스스로를 궁지에 몰아넣는 경우가 많은데, 이 사건은 사장이 직접 기본 스텝을 차례로 밟아나가며 의사결정을 실행한 사례다. 그 결과, 단 며칠 만에 원인 규명이 이루어졌고 즉각 대책을 강구함으로써 대리점과 고객의 신뢰가 오히려 더 높아졌다. 문제의 도마뱀은 지붕과 천장 사이의 틈새로 침입해서 포장용 저장고에 떨어진 뒤 그대로 건조된 채 과자와 함께 포장됐는데, 이 사건은 오히려 회사의 품질관리 시스템을 재검토하는 좋은 기회가 되었다.

기본의 반복이 빠른 의사결정의 지름길

운동 경기 중에서도 승부가 가장 빨리 나는 것이 일본의 전통적인 씨름, 즉 스모다. 빠를 때는 몇 초 만에 승부가 결정된다. 해설자들은 이렇게 빨리 승부가 나는 이유로, 선수들의 기본기가 확실하게 갖춰져 있기 때문이라는 늘 똑같은 해설을 한다.

그 기본기란 '허리를 깊이 숙인 채 옆구리에 힘을 꽉 주고 다리 걸기로 순식간에 채나가는' 동작이나 '상대방을 밑으로 걸어 올린 다음 마와시(씨름의 샅바에 해당)를 거머쥐고 내치는' 식의 민첩한 연결 동작을 말한다.

이런 기본 동작을 초 단위로 실행하기 위해서는 하루도 거르지 않는 끈질긴 훈련을 통해 기본기를 확실하게 연마하지 않으면 안 된다. 시코*나 뎃포**, 스리아시***, 마주치기 등의 기본 동작을 매일 아침부터 밤까지 지루함을 견디며 지속적으로 반복 훈련함으로써 비로소 기본 동작이 몸에 배게 된다.

세계적인 골프 지도자 레드 배터는 프로 골퍼 지망생이 입학하면 1년 동안은 클럽을 절대로 휘두르지 못하게 하고 오로지 어드레스 연습만 시킨다고 한다. 그의 지론은 '기본기가 갖춰져 있지 않은 사람은 아무리 연습해도 골프 실력이 늘지 않는다.'는 것이다.

≫ 영어로 생각하기

의사결정도 똑같은 원리다. 의사결정 방법이나 의사결정의 메커

✱ 시코(四股) : 스모 경기를 시작하기 전에 양다리를 90도 가까이 구부린 다음 한 발씩 번갈아가며 들어 올렸다가 힘껏 내딛는 모래판 밟기 혹은 발 구르기 동작.
✱✱ 뎃포(鐵砲) : 스모 경기에서 양손으로 상대방의 상체를 밀치며 공격하는 행위, 즉 밀치기 동작.
✱✱✱ 스리아시(すり足) : 스모 경기에서 모래판 위를 스쳐 걷는 동작.

니즘을 공부하지 않은 사람은 생각할 시간이 충분해도 판단을 할 때 실수할 가능성이 높다는 이야기다. 더구나 제한된 시간 안에 어려운 Situation을 신속하게 분석하고 올바른 의사결정을 내리는 일이 얼마나 어려운지 평소의 체험으로 충분히 깨닫고 있을 것이다.

따라서 의사결정의 여섯 가지 기본 단계를 차례로 실행하는 것이 무엇보다도 중요하며, 평소에 이 기본 스텝을 의식적으로 단련할 필요기 있다.

① 자신과 조직에 대한 Trigger를 주의 깊게 관찰한다.
② Trigger를 확인했다면 Situation을 올바르게 인식한다.
③ Situation에 적합한 행동을 취할 때는 먼저 Objective가 무엇인지 확인한다.
④ Objective에 합당한 안을 가능한 한 많이 구상한다.
⑤ 안을 선택하는 기준을 설정하고, 각 안을 비교한 뒤 Alternative를 선택한다.
⑥ 선택한 Alternative의 리스크를 검토한 뒤 대응책을 강구한다.

이 여섯 단계를 기본 동작으로 숙지해 일일이 주의하지 않아도 당신의 두뇌가 자연스럽게 Trigger → Situation → Objective → Alternative → Criteria & Choice → Risk Management 식으로 회전하도록 만들어야만 의사결정의 스피드 향상을 기대할 수 있다.

여기서는 여섯 가지 기본 동작을 대부분 영어로 표기했다. 의사결정의 속도를 높이고 싶을 때, 즉 자신의 사고 흐름과 순서를 점검할 때 영어로 기억하는 쪽이 훨씬 편리하지 않을까 생각해서다. 또 무리하게 번역했을 때 정의가 애매해지는 것을 방지할 수 있고, 의미를 정확하게 전달하고 싶을 때는 원어 그대로 사용하는 것도 의사결정을 촉진하는 한 방법이라 생각하기 때문이다.

무엇보다 즉각적인 결단을 내리지 않으면 안 되는 상황에서 이 여섯 개의 단어가 자연스럽게 떠올라 당신의 두뇌가 초고속으로 회전하게 하는 일이 이 책의 목적이자 독자들이 얻게 되는 성과다.

먼저 영어 단어에 익숙해지기 위해 사전을 펼쳐보자. 앞의 단어들은 영어가 모국어인 사람들에게는 일상용어이지만 비영어권인 사람들에게는 전문용어처럼 들릴지도 모른다. 그러나 일단 익숙해지면 자연스럽게 떠오를 것이다.

사실 대부분의 일본인은 개인적으로 의사결정을 내리거나 강요당하는 경험이 그리 많지 않았기 때문에 의사결정이라는 단어가 일상용어로 자리 잡을 수 있는 환경이 아니었다.

하지만 글로벌 시대의 도래와 함께 비즈니스맨들의 의사결정에 국제적인 경쟁력이 요구되고 있다. 이 국제 경쟁력을 높이기 위해서라도 Trigger, Situation, Objective, Alternative, Criteria & Choice, Risk Management라는 여섯 개의 기본 용어를 익혀 사고하는 데 활용해야 할 것이다.

다음 장에서는 사례를 이용해서 의사결정의 기본 스텝 6단계를 차례로 살펴보자.

Trigger :
기회를 놓치지 않는 감성을 키워라

Trigger를 누구보나도 빨리 깨닫는디면 그만큼의 시간을 벌 수 있고, 또 그마큼의 시간을 들여서
의사결정을 내릴 수 있다.

Trigger란 무엇인가

Trigger의 어원은 총의 방아쇠로, 비즈니스 세계에서는 주변 환경
으로부터 자신을 향해 쏟아지는 다양한 종류의 무수한 화살이라는
의미로 쓰인다. 화살에는 위협이라는 요소뿐만 아니라 기회(Chance)
라는 뜻도 포함되어 있다.

예전에 자주 듣던 이야기 중에 다음과 같은 일화가 있다.

모 제화업체의 한 세일즈맨이 미개발국으로 출장을 갔다. 그런데
현지 원주민들이 맨발로 다니는 모습을 보고 신발을 팔기 어렵다고

판단, 바로 귀국해버렸다.

그 뒤 또 다른 세일즈맨이 갔는데, 그는 신발을 신고 다니는 사람이 거의 없으므로 앞으로 엄청나게 팔릴 것이라 판단, 적극적으로 영업을 펼쳐 돈방석에 올라앉았다고 한다.

'신발을 신고 있지 않다.'는 똑같은 정보가 후자의 세일즈맨에게는 Trigger, 즉 행동을 촉발하는 자극으로 작용했지만 전자의 세일즈맨에게는 Trigger로 작용하지 못한 사례다. 결국 감성이 결여된 사람들은 절호의 기회로 작용할 정보조차 Trigger로 감지하지 못한 채 그저 멍하니 바라보다가 기회를 놓치고 만다.

그렇다면 어떻게 해야 Trigger에 민감해질 수 있을까?

'외부의 환경 변화를 늘 주의 깊게 살펴보고 노력하라.'는 식의 안이한 충고만으로는 아무런 도움이 되지 않을 것이다. 똑같은 환경 변화를 관찰해도 그것이 행동을 촉발하는 방아쇠 구실을 하는 사람과 그렇지 못한 사람이 반드시 나타나게 마련이다. 이는 정보 입수자의 행동에 의식이나 의욕, 사고나 감성이 크게 영향을 미치기 때문이다.

최근에는 고객에 대한 감성이 뛰어난 사원 즉, 고객이 보내는 Trigger를 민감하게 잡아낼 수 있는 인재가 절대적으로 필요하다는 경영자들을 자주 접한다. 고객은 자신의 요구를 말로만 표현하는 것이 아니라 태도나 행동으로도 표현하면서 Trigger를 당긴다. 개중에는 생각이 정리되지 않아 자신의 요구를 전달할 수 없는 안타까움을 먼저 표현하는 소비자들도 있다. 지금의 경영자들은 이런 Trigger까지도 감지할 수 있는, 감성이 뛰어난 인물을 원하고 있다.

자, 어떻게 해야 Situation을 민감하게 느끼고 알아차릴 수 있는 감성이 키워질까? 감성은 지식이나 경험, 대인관계, 사상이나 윤리관 등이 뒤섞여 육성되지만 이 감성을 더욱 연마하기 위해서는 사고(思考) 기술이 필요하다. 즉, 사물을 바라보는 시각과 사고방식으로 이루어지는 사고 기술이 감성 훈련에 크게 기여한다는 이야기다.

중요한 것은 '인간과 사물에 대한 끊임없는 호기심을 지닐 것, 무슨 일이 일어났는지 왜 그렇게 되었는지, 앞으로 어떻게 될 것인가.' 라는 일련의 사고를 의식적으로 회전시켜 나가는 일이다.

Trigger 정보를 살리는 것도 죽이는 것도 당신 손에 달렸다

나는 지금까지 많은 기업을 컨설팅하면서 경영 부진에 빠지는 기업들의 공통점이 무엇인지 분석해왔다. 이들은 하나같이 과거에 성공한 비즈니스 혹은 히트 상품을 가지고 있고, 그 덕분에 평온한 시절을 보내며 안주해 결국 세상의 변화에 둔감해져 낙오하는 경우가 대부분이다.

기업뿐만 아니라 국가 경제에 대해서도 똑같이 말할 수 있다.

1980년대 일본 정계, 재계의 지도자들은 자국의 경제력과 기술력이 세계를 완전히 제패했다고 판단, 앞으로 일본은 병든 서구 각국의 지원 활동에 매진해야 한다고 주장했다. 자금력도 풍부하기 때문에 일본이 앞으로 경제적 어려움을 겪을 일은 절대 없을 것이라는 장밋빛 논조가 널리 퍼져 있었다. 하지만 거품경제 붕괴로 일본은 1990년대 이후 세계 제일의 경제 정체국가라는 낙인이 찍히게 되었다.

기업 경영이 순조롭게 이루어지고 있을 때는 아무래도 안심하게 마련이므로 향후 성숙기가 반드시 찾아오고 결국 정체가 시작될지 모른다는 작은 징조에 둔감해지기 쉽다. '아직은 괜찮다.', '조용히 추이를 살펴보자.', '나쁜 일은 생각조차 하기 싫다.'는 식의 방어 심리도 Trigger에 대한 감수성을 둔화시킨다.

내 취미는 요트 조정인데, 휴양지인 하야마에서 출발해 에노시마까지 갔다오는 코스를 주로 이용한다. 그런데 저 멀리 검은 구름이 조금이라도 내비치면 즉각 귀항 태세로 돌입한다. 흰 거품을 뿜으며 일어나는 파도와 강풍은 예상을 훨씬 웃도는 엄청난 속도로 밀려오므로 자칫 그것에 휩쓸리기라도 하면 귀항하는 데 이만저만 고생이 아니기 때문이다.

아무리 좋은 날씨라도 요트를 즐길 때는 끊임없이 하늘의 변화를 관찰하면서 파란의 징조가 어디선가 나타나지 않는지 긴장감을 놓치지 않고 살펴보는 것이 중요하다.

현재의 경기회복 기조를 예로 들며 앞으로의 일본 경제에 대해 낙관적인 견해를 성급하게 늘어놓는 사람이나 매스컴도 적지 않다. 물론 그렇게 되기를 간절히 바라지만 실제로는 비관적인 Trigger가 더 많다. 노인 인구 확대, 출생률 저하, 소득 격차 확대, 계층 간 양극화, 거대한 국가 부채, 자본의 대대적인 서구 유출, 제조업의 피폐(특히 중소기업), 첨단기술의 국제 경쟁력 하락 등의 Trigger들이 슬금슬금 일본인의 생활을 위협하기 시작했으며 미래의 더 좋은 직업, 더 나은 생활을 방해하는 리스크가 되고 있다.

인터넷 관련 업계에서 젊은 세대가 회사를 세우는 경우가 급증하고 있는데, 이는 일본 경제에 밝은 Trigger일 수도 있고 극히 일부 사람만이 엄청난 부를 독점하면서 빈부의 격차가 심화·확대되는 어두운 Trigger일 수도 있다.

Trigger 정보를 '어떻게 받아들이고 활용하는가.'는 그 정보를 접하는 사람에 따라 다르다. 그러므로 항상 예리한 감성을 추구하며 호기심을 놓치지 않고, 감수성을 훈련시키는 매일 매일의 노력이 무엇보다도 중요하다.

목표를 높게 세워야 한다

친구 가운데 '지금 현재가 목표'라는 신념을 고수하던 인물이 있었다. '무슨 일을 하든, 어떤 상태가 되든 상관없다.', '어차피 인생 별거 아니다.'라는 식으로 마치 도를 깨친 사람처럼 세상을 살던 인물이다. 그는 월급이 오르든지 말든지, 일이 있든지 말든지 고민하지 않고 그저 자신이 좋아하는 일만 하면서 시간을 보냈다. 당연히 노력이라는 단어와는 담을 쌓은 채 매일 평화롭게 보내므로 세상의

Trigger에는 전혀 관심이 없었다.

이 정도까지 철저할 수 있다면 '별세계의 인간'으로 자타가 공인하게 되지만, 피비린내 나는 비즈니스 세계에서 살아가려면 생존을 건 경쟁을 해야 하고 타인보다 늘 앞서 가지 않으면 안 된다.

나는 기업 경영자나 관리자들과 만나면서 많은 것을 배웠는데, 특히 정보에 감도 높은 안테나를 세우고 있는 사람들에게서 공통적으로 드러나는 점은 한결같이 자신의 경영 목적이나 조직의 목표가 대단히 높다는 것이었다.

예를 들어 같은 업계에서 일하는 경영자 두 명의 목표를 비교해보자. 한쪽은 매년 3% 시장점유율이 목표이고, 다른 한쪽은 매년 2배의 시장점유율을 목표로 하고 있다. 과연 어떤 차이가 나타날까?

3%의 시장점유율을 목표로 한다면 현재의 업무를 처리하면서 잠시 휴식하는 정도의 가벼운 개혁으로도 충분히 달성할 수 있으므로 안테나 범위 역시 현재의 업무 주변으로 국한된다.

하지만 시장점유율 2배를 목표로 삼으면 상품의 제작 방법이나 판매 방법을 근본적으로 재검토해야 할지도 모르며 다른 업계의 방식이나 지혜, 힘까지 빌리지 않으면 좀처럼 실현할 수 없을 것이다. 당연히 안테나 범위도 사내, 혹은 업계를 벗어나 다른 업종이나 다른 나라로까지 확대된다. 다시 말해 목표의 차이가 정보 수집 안테나의 시간적·공간적 범위의 차이로까지 이어진다는 것이다.

목표를 높게 설정하고 그 목표 달성을 위해서 가지고 있는 모든 안테나를 광범위하게 세우는 일이야말로 Trigger를 놓치지 않는 뛰어난 감성으로 이어진다.

심리적인 여유가 관건

의사결정 스피드를 높이기 위해서는 가능한 한 빨리 Trigger를 알아차릴 필요가 있다. 즉, Trigger를 빨리 깨달을수록 의사결정까지의 시간을 벌 수 있기 때문이다.

개인용 컴퓨터(PC)가 보급되기 시작했을 무렵, IBM을 비롯한 세계의 호스트컴퓨터(Host Computer) 제조업체들은 설마 이 장난감 같은 기계가 자신들의 아성을 무너뜨리고 업무를 이 정도까지 빼앗아 갈 줄 상상조차 하지 못했다. 어차피 호스트컴퓨터의 단말기 정도로 끝나리라고 얕잡아 보았던 것이다.

그러나 1990년대 초부터 불과 몇 년 사이에 이 PC는 급속한 기술개발을 거듭하면서 컴퓨터 매상의 주역을 빼앗아버렸다. 그야말로 갈팡질팡하는 사이 벌어진 전광석화 같은 사건이었다.

1990년대 초반, PC의 성장을 Trigger로 재빨리 포착할 수 있었던 소프트웨어 회사들은 2~3년 정도의 시간을 투입해 회사의 기술과 인재를 대형 범용 호스트컴퓨터를 기본으로 하는 시스템 개발 형태에서 PC 네트워크를 이용한 시스템 개발 형태로 이전해나갔고 엄청난 성공을 거두었다.

반면, PC의 성장을 미처 깨닫지 못했거나 뒤늦게 알아차린 많은 소프트웨어 회사들은 도산이라는 괴롭고 슬픈 운명을 맞이했다. 2~3년의 뒤늦은 판단이 사업 전환에 관한 의사결정을 아주 곤란하게 만들어버린 것이다.

Trigger를 어느 누구보다도 빨리 깨닫는다면 그만큼의 시간을 벌 수 있고, 또 그만큼의 시간을 들여서 의사결정을 내릴 수 있다는 이야기다.

디지털 카메라, 휴대전화, 네트워크 거래, 네트워크 검색 서비스, 인터넷 금융 서비스 등 하드 및 소프트웨어의 디지털화와 인터넷 기술, 여기에 환경과 건강 서비스까지 융합되면서 현재 거의 모든 분야에서 선발 주자가 대세를 장악하고 있다. 이 선발 주자들은 탁월한 Trigger 감지 능력으로 경쟁자들을 크게 앞질러가고 있는데, 이는 마치 100미터 경주에서 초반 3초 정도의 전력 질주로 승부가 결정되는 이치와 같다.

"오동나무 잎 하나가 떨어지니, 천하의 변화를 알겠더라." 이는 20세기 초 극작가로 활약한 쓰보우치 쇼요(坪內逍遙)[*]가 도요토미 히데요시 가문의 추락을 비유하는 장면에서 인용한 구절인데, 징조를 빨리 알아차리지 못하면 제아무리 뛰어난 명장이라도 결국 자신의 옛 영광에 굴하게 된다는 이야기다.

예측 능력, 즉 징조를 포착하는 능력을 연마하기 위해서는 다음과 같은 훈련이 필요하다.

---

[*] 쓰보우치 쇼요(1859~1935년) : 소설, 평론, 번역, 극작가 등으로 활약하며 일본 연극의 근대화에 공헌한 인물. 특히·1928년까지 셰익스피어의 전집 40권을 완역, 서양 연극을 소개한 인물이기도 하다. 중국의 고전을 원전으로 하여 가부키용 희곡 〈기리이치바(桐一葉)〉를 발표했다. 내용은 기원전 2세기경, 회남왕 유안이 그의 빈객들과 함께 지은 〈회남자(淮南子)〉에 나오는 것으로, 기리이치바에서 도요토미 히데요시 가문이 추락해가는 징조를 비유하며 인용했다.

- 제행무상과 만물유전, 즉 모든 사물에는 라이프사이클이 있다는 점을 전제로 관찰안을 키운다.
- 현지, 현물, 현인 식으로 Situation에 직접 뛰어들어 경험함으로써 사소한 변화 속에서 미래의 커다란 흐름을 읽는다.
- 자신의 잣대로만 사물을 볼 것이 아니라 타인의 처지에서 마음을 깨끗이 비우고 느끼며 생각한다.
- 뜻과 목표를 높이 세우고, 이를 위해 안테나를 높고 넓게 세운다.

가끔 시간에 쫓기는 일상에서 벗어나 의식적으로 마음의 여유를 갖기 위해 노력하는 자세가 중요하다.

Situation :
상황을 정확하게 파악하라

시간이 부족한 상황이라도 가능성 추론을 통해, 즉 역산으로 부족한 정보를 수집하여 초고속으로
의사결정을 진행시킬 수 있다.

Situation이란 무엇인가

야구 경기는 중요한 장면에서 감독이 일일이 사인을 보낼 수 있지
만, 축구는 Situation 변화가 격렬하고 지속적이어서 감독보다는 선
수 개개인의 Situation 판단 능력이 절대적으로 요구되는 운동 경기
다. 자신의 경기뿐만 아니라 상대 팀이 어떤 전술을 펼치는지, 어느
선수가 어디서 어떤 패스를 누구에게 하고 있는지 등 선수 스스로
냉정하게 그때그때의 Situation을 읽어가면서 자신의 판단으로 작전
을 세우고 행동하지 않으면 안 된다.

축구 선수 중에서도 특히 Situation 판단 능력이 뛰어나다고 평가받는 일본 우라와 레드 다이아몬즈 소속의 미드필더 오노 신지(小野伸二)는 초등학교 시절부터 시합이 끝나면 바로 코치에게 달려가 이해될 때까지 경기 전반에 관한 질문을 했다고 한다. 축구 선수로서의 기술뿐만 아니라 Situation에 맞는 경기 진행 능력까지 어릴 때부터 키워나갔다는 것이다. 경기 진행에는 아군 및 적군의 전력 분석부터 경기 흐름에 대한 분석, 선수 개개인의 심리적 요소 파악까지 폭넓으면서도 종합적인 판단력이 필요하다.

비즈니스에서도 마찬가지인데, Situation을 민첩하게 파악하는 능력이 있는 사람은 상사의 처지에서 보면 더할 나위 없는 인재이므로 여기저기서 스카우트 경쟁이 벌어진다. 그러나 Situation 파악 능력이 부족한 인물에게는 불안해서 업무를 일임하기는커녕 '어린애 심부름도 아니고 말야!' 라는 식의 불호령을 내리기 십상이다. 어린아이처럼 시킨 일만 처리하는 부하 직원이라면 차라리 일을 맡기지 않는 것이 편할 때도 있다. 마치 다음과 같은 경우다.

고객의 사무실 신축 축의금을 전하고 오라는 부장의 지시를 받은 과장, 며칠 뒤 부장의 호출을 받았다.

부장 : 부탁한 축의금은 잘 전달하고 왔습니까?

과장 : 예.

부장 : 그래, 어때요?

과장 : 예, 아주 고마워하더군요.

부장 : 그래서?

과장 : 예?

부장 : 예라니요? 어린애 심부름도 아니고, 뭐 쓸 만한 정보 하나도 못 건졌
　　다는 거네.

'저 과장, 또 당하고 있군. 정말로 눈치 없기는…….'

주위의 부하 직원들은 실소를 금치 못하지만, 당사자는 왜 야단맞
는지조차 모르기 때문에 늘 똑같은 일을 반복한다.

한편 '눈치 빠르다'고 평가받는 인물은 어떨까?

눈치 빠르고 재치 있는 인물은 이런 업무 외적인 기회까지 이용해
상대 기업의 경영 방침이나 경영 상황, 주요 과제, 담당자의 관심사,
가족, 취미까지 자연스럽게 점검하고 경쟁 회사의 정보까지 얻어내
거나 타 부문의 유력한 인사까지 소개받기도 한다.

360도 각도로 동물적 감각, 촉각을 세워 Situation을 파악하고 인
식해나간다면 판단의 정확도는 확실하게 높아진다. 비즈니스 현장
에서는 이러한 정보 수집 능력을 늘 경쟁하게 되므로 단순히 똑같은
작업을 반복하는 것만으로는 진정한 의미에서의 업무 처리를 했다
고 볼 수 없다.

≫ Situation 인식이 무딘 비즈니스맨

앞에서 Trigger를 감지하는 능력, 즉 감지도 수준을 높이면 의사
결정 시기를 앞당길 수 있다고 말했다. 여기서의 Situation은 Trigger
가 당겨진 뒤의 Situation 파악에 대한 행동이다.

Situation 파악이란 Trigger가 당겨지면 먼저 필요한 정보의 범위

와 깊이를 판단하고 가지고 있는 정보와 부족한 정보를 구분하여 '무엇에 관한' 구체적인 정보를 '누구로부터', '언제까지', '어떤 방법으로' 수집할 것인지에 대한 계획을 세우고 수집한 정보를 분석해 Trigger의 기본적인 Situation, 예측 가능한 사태의 향후 추이, 변화를 촉구하는 요인과 그 확률을 간파해내는 것을 말한다.

나는 일본인의 약 90%가 '우물 안 개구리' 식으로 여전히 좁은 시야에 머물러 있다고 생각한다. 언제쯤 넓은 시야로 세상을 바라볼 수 있을까? 그들이 인식하는 Situation의 범위가 지극히 좁다는 사실만은 확실하게 말할 수 있다.

일본의 샐러리맨들은 내일 당장 해고당하는 일이 없으므로 그저 지금까지 해온 것처럼 회사 안만 주시하고 적당히 일하면 직장 생활을 그럭저럭 해낼 수 있었다.

내가 소속된 회사는 미국 뉴저지 주에 본사가 있는데, 이 뉴저지 주의 화이트칼라들은 회사에 도시락을 들고 갔다가는 비웃음을 산다. 왜냐고? 뉴저지 주의 법률로는 상사가 당일 부하 직원에게 해고 명령을 내릴 수 있다. 그래서 도시락을 가지고 가는 사람은 점심시간 전까진 자신이 해고당하지 않으리라고 생각하는, 세상 물정 모르는 낙천가라는 이야기가 되기 때문이다.

미국의 비즈니스맨들은 늘 회사 외부에 관심을 가지며 회사 밖에서도 통용되는 실력을 쌓아 자신이 일할 무대를 넓히고자 부단한 노력을 기울인다. 일본인처럼 매일 밤 같은 직장의 동료들과 술잔이나 나누며 사내 정보 교환이나 상사에 대한 욕을 하며 지내다가는 Situation 파악 기술은 연마되지 않는다.

우물 안 개구리 바다를 모른다

Situation 파악 능력은 주변 상황을 인식하는 능력인 동시에 자기 자신이 처해 있는 상황을 제대로 인식하는 능력과도 밀접하게 관련 돼 있다. 주변 상황을 파악하는 능력이 강하면 자기 자신이 처한 상황을 인식하는 능력도 강해지며, 반대로 주변 상황을 파악하는 능력이 약하면 자신이 처한 상황을 인식하는 힘도 약해진다.

C사의 전무는 '면도칼 전무'라고 불릴 만큼 두뇌 회전이 엄청나게 빠르며 Situation 인식 능력도 뛰어난 인물로, 직원들의 교육에도 아주 열정적이다. 그는 자기 능력이나 현재의 Situation에 대한 인식이 부족해 회사나 부서에 폐만 끼치는 부장들을 상대로 하는 재교육 프로그램을 담당하고 있다. 지금까지 일부러 기회를 만들면서까지 고객이나 부하 직원과의 커뮤니케이션을 시도했지만 모두 실패, 다시 말해서 타인과 Situation 인식에 대한 공유가 이루어지지 않아 어디에서도 필요로 하지 않으며 일할 자리마저 사라져버린 부장들을 개별적으로 재교육하고 있는 것이다.

면도칼 전무에 의하면 이런 사람들의 공통점은 '근거도 없이 자기 자신에 대한 평가가 높다.'는 것이다.

전무 : 오늘 갑자기 불러서 놀랐습니까?

부장 : 예, 전무님께서 직접 호출한 일은 입사 이래 처음입니다.

전무 : 왜 보자고 했는지 아십니까?

부장 : 예, 저는 능력은 있는 편인데 지금까지 운이 따라주지 않았다고 생각
　　　합니다. 전무님께서 저의 실적을 높이 평가하시고 좋은 자리로 옮겨
　　　주기 위해서가 아닐까 생각합니다만…….

전무 : 그래요? 실은 당신이 회사를 그만둬 주기를 바라서 불렀는데……. 당
　　　신을 원하는 부서가 단 한 군데두 없어요. 돌아가서 오늘 밤 부인과
　　　잘 상의하고 내일까지 어떻게 할지 의사를 알려주세요.

부장 　: …….

　이런 사태를 전혀 예측하지 못한 부장들은 하나같이 어깨를 축 늘어뜨린 채 회사를 나선다. 밤을 꼬박 새우며 부인과 상의한 그들은 다음 날 전무를 찾아와서는 부인도 똑같은 말을 했다며 고개를 숙인다.

　"그러게, 평소 늘 주의를 줬잖아요! 다른 사람에게도 관심 좀 가지라고 그랬지요? 내일 전무님께 가서 사죄하고 앞으로는 정신 차리고 노력할 테니 제발 재교육 쪽으로 부탁드린다고 하세요!"

　그리하여 전무님의 특별훈련이 시작된다. 지금까지 주위 사람들에게 얼마나 많은 폐를 끼쳤는지, 타인은 자신을 어떻게 바라보고 있는지, 당신에게 무엇을 기대하는지, 주위의 인식과 자기 인식이 비슷해질 때까지 회사 업무는 전혀 주어지지 않는다. 본인이 열심히 노력하면 이 방법으로 10명 중 8명 정도가 다시 일어선다고 한다.

≫ 모른다는 사실을 자각하라

앞의 Trigger 편에서 자기 자신의 목표 기준이 높으면 높을수록 환경에 대해서도 민감하게 느낄 수 있다고 설명했다. Situation 역시 마찬가지로, 목표 기준의 높이로 Situation 파악의 범위와 깊이가 크게 달라진다.

목표 기준은 자기 자신의 기준만으로 성립되는 것이 아니며 주위의 기대치에 합치하는가 여부도 중요한 요소가 된다. 아무리 멋지고 훌륭한 목표라 하더라도 이기적이고 시대에 부응하지 않는 기준에 의한 것이라면 앞에서 예를 든 부장들처럼 결국 주위 사람들로부터 고립당하고 말 것이다.

자기가 처한 Situation을 정확히 인식하지 못하면, 자신이 어느 지점에서 Situation 인식을 하고 있는지에 대한 자기 분석조차 제대로 이루어지지 않아 의사결정 시 결정적인 오류를 범할 수 있다.

'우물 안 개구리 바다를 모른다.'

개구리 스스로 우물 안의 정보 외에는 모른다는 자기 인식을 하지 못한다면 자신은 모든 것을 알고 있으므로(우물 안의 정보를 모두 알고 있으므로) 결국 어떤 Situation에서든 'Yes' 라는 답변밖에 나오지 않을 것이다. 중요한 점은 우물 안 정보 외에는 모른다는 사실을 스스로 인식할 것, 그리고 우물 밖으로 나와서 바깥 세상을 직접 체험하는 것이다.

신경정신과 의사들은 환자를 진찰하기 전에 먼저 자신에 대한 정신분석을 해야 한다고 들었는데 실로 현명한 방법이 아닌가 싶다. 자신의 처지나 능력에 관한 자기 확인이 없다면, 특히 지금 처해 있는 우물 안의 Situation 인식에 한계가 있음을 자각하지 못한다면 우물 밖, 즉 주위를 향한 Situation 인식 및 행동도 설정할 수 없다.

Situation 파악 능력과 예측 능력

요즘은 일본 기업들도 아시아나 유럽 등지로 사원을 파견, 현지에서 사업을 시작하는 경우가 늘고 있다. 또 기술 혁신의 가속화나 상품 사이클의 단명화 등으로 국내에서도 신규 사업이나 신제품 개발 프로젝트 등을 끊임없이 시도하지 않으면 안 된다.

미지의 영역을 개척하기 위해서는 Situation 파악에만 기존 업무보다 몇 배의 노력을 기울여야 하는데, 시장에 아직 등장하지 않은 상품이나 잠재 고객을 개발하기 위한 정보를 수집하기 위해서는 연구에 연구를 거듭하지 않으면 안 된다.

D사는 아시아 전 지역에 자동차 부품 제조 및 판매망 구축을 위한 준비 작업에 착수했는데, 그중에서 가장 힘들었던 일이 각 지역의 책임자가 될 만한 인재를 찾는 것이었다. 회사가 필요로 하는 인물은 지금까지 경험한 적이 없는 난제에 직면했을 때 과거의 사례나 관습에 얽매이지 않고 자신의 힘으로 Situation을 파악하고 판단할 수 있는 사람이다.

그러나 대부분의 비즈니스맨들이 지금까지 자사의 전례, 절차, 순서 등에 따라 Situation을 판단하도록 육성돼왔으므로 자신의 두뇌 이외에는 의지할 것이 하나도 없는 Situation에 처했을 때 견디지 못하는 경우가 많다.

많은 기업들이 전략적인 사업이나 프로젝트를 이끌 리더가 부족하다며 한탄한다. 인사를 결정할 때도 Situation 판단력의 유무가 문제시되고 있으며, 몇몇 뛰어난 인물에게 어려운 업무가 집중되는 경향이 있다. 즉 '사람은 남아도는데 인재는 부족하다.' 는 말이 나오는 것이다.

그렇다면 어떻게 해야 Situation 파악 능력을 강화할 수 있을까?

Situation 판단을 정확하게 내리기 위한 첫 번째 요점은 Situation이 현재 어떠한지를 집요하게 파헤치는 습관을 들일 것, 그리고 앞으로 어떤 일이 일어날 것이며, 그 일이 일어나면 어떻게 될 것인가를 철저하게 파고들어 분석하는 습관을 들이는 것이다. 현상과 미래를 뒤죽박죽 섞어버리면 현실 인식이 둔해지는 동시에 미래에 대한 가설 설정도 애매해진다.

두 번째 요점은 과제를 분석하는 데 필요한 정보는 무엇이며, 그 중에서 지금 내가 가지고 있는 정보와 확인되지 않은 정보는 무엇인지를 하나하나 자문자답하는 것이다. 특히 확인되지 않은 정보, 즉 '모르는 정보' 에 집중하는 것이 중요한데, Situation 파악을 정확히 하기 위해 무엇이 필요한지를 선명하게 부각시키는 일이 핵심이다.

제2부 실천편에서 몇 가지 사례를 통해 구체적으로 Situation 파악 비결을 소개하겠다.

정보가 충분하지 않을 때의 의사결정

의사결정을 할 때 평상시보다 훨씬 짧은 시간 안에, 경우에 따라서는 단 몇 분이나 몇 시간 안에 의사결정을 내려야 할 때도 있다. 특히 경영과 관련된 의사결정들은 Situation 파악에 충분한 시간을 들이지 못하는 경우가 더 많을지도 모른다.

이런 제약 속에서 의사결정을 내려야 할 때 주의할 점 두 가지가 있다. 첫째, 한정된 시간 안에 어디에 우선순위를 두고 조사할 것인가. 둘째, 마감 시간이 다가왔을 때 충분하지 않은 정보 속에서 어떻게 하면 상대적으로 가장 적절한 Alternative에 도달할 것인가에 대한 비결을 익혀두는 것이다.

≫ 가설 추론에 기초하여 사실을 확인해나간다

자동차를 판매하는 E사는 대형 백화점 F사에 매년 리스 계약을 통해 수백 대의 업무용 자동차를 납품해왔다. 서로 오랫동안 거래해온 터라 F사에서 가격이나 서비스에 대해 특별히 편의를 봐달라는 요구가 있었지만, E사는 회사 차원에서 이 일을 일괄로 처리한 데다 독점적으로 납품해왔기 때문에 거래처를 다른 회사로 바꾸는 불상사는 없으리라 생각하고 있었다.

그런데 내년도 자동차 납품에 대한 계약 시기가 임박했는데도 F사에서 견적서를 제출하라는 연락이 없어 E사 담당자가 F사 담당자에게 연락을 하자, 애매모호한 답변이 돌아왔다. 그리고 발주 예정일을 일주일 앞두고 갑자기 내년도 주문은 E사가 아니라 리스 회사에 맡길 예정이라는 통고를 F사에서 해왔다. 잠재적인 Trigger가 현재화된 Trigger로 돌변한 것이다.

이대로는 업무용 자동차 수백 대의 주문이 백지화되고 만다. 시간은 일주일밖에 없다. 실제로 무슨 일이 일어났는가, 앞으로 어떤 일이 벌어질 것인가. 뒤늦게나마 Situation 파악에 전력을 기울이지 않으면 안 된다. F사의 총무부장 방문, 리스 회사와의 거래 창구인 경리부의 관리직 방문, 영업부의 담당자 방문, 영업사원에게도 직접 물어볼 필요가 있다.

엎친 데 덮친 격으로 지금은 신모델이 대리점에 집중적으로 출고되는 시기라 상사를 포함, 모든 직원들이 밤낮 없이 뛰어다닐 만큼 시간에 쫓기고 있다. 아무리 애써도 4~5시간 정도밖에 낼 수 없는 상황이다. 게다가 만날 약속을 받아내기 위해 여기저기 연락을 취해도 담당자가 누구인지 좀처럼 파악되지 않는다.

E사의 담당자는 이 경우, 시간과 고객의 대응으로 봤을 때 정확한 Situation 파악은 무리라고 판단, 가설 설정을 해보기로 했다. 어째서 리스 회사일까? 앞으로 어떤 사태가 벌어질 것인지를 추론하고 현재 자신이 모르고 있는 정보가 무엇인지 자문했다.

그 결과 고객이 왜 리스 회사로 전환했는지 이유를 파악하는 일이 최우선 과제임을 인식했고 조사를 계속하면서 F사는 업무 효율화를 위해 업무용 자동차의 관리를 일괄적으로 리스 회사에 아웃소싱하려는 계획을 예전부터 세우고 있었으며, 특히 G라는 리스 회사가 아웃소싱 대상으로 가장 유력하다는 사실을 파악했다.

즉각 G사와 고위층 회담을 추진, G사와 업무 제휴를 맺고 G사에 자동차를 납품하는 것으로 사태를 수습함으로써 F사의 상권을 유지할 수 있었다. 이 경우는 수중에 정보가 거의 없을 때 '가설 추론'이라는 단계로 건너뛰어서 정보를 수집해나가는 Situation 파악의 사례라 할 수 있다.

이처럼 시간과 기간이 부족한 상황이라도 가능성 추론을 통해, 즉 역산으로 부족한 정보를 수집해 초고속으로 의사결정을 진행할 수 있다. 시간이 긴박한 상태에서의 Situation 파악은 가설 추론과 사실 확인 작업을 교차해나가는 것이 효과적임을 기억해두기 바란다.

≫ Situation을 전혀 파악할 수 없을 때는 어떻게 할 것인가

정보가 충분하다면 의사결정도 두렵지 않다. 그러나 시간도 없고 Situation도 마치 안개 속을 헤매는 듯하면 어떻게 해야 할까? 앞의 사례에서는 가설 추론을 통해 아슬아슬하게 정보가 손에 들어왔지만 그것도 불가능한 Situation이 얼마든지 벌어진다.

어느 곳보다 미지의 요소가 많은 비즈니스 분야는 누가, 언제, 어떤 예상 밖의 수단으로 치고 들어올지 모르는 세계다. 이에 대응할 만한 묘안은 없지만 중요한 것은 '내가 무엇을 모르고 있는가?'를 스스로 명확하게 파악해두는 일이며, '내가 알지 못하는 곳에서는 어떤 일이 벌어져도 이상할 것이 하나도 없다.'라는 마음의 준비를 해두는 일이다.

- 이것밖에 모른다.

- 모르는 것을 전제로 해서 결정해야만 한다.

- 생각지도 못한 일이 일어날지도 모른다.

- 일어난다고 한다면 이런 것들이 예상된다.

이런 식으로 가상의 Situation을 미리 상정해두면 의사결정도 과감히 내릴 수 있다. 이때 최악의 사태를 예측해두는 것도 중요하다. 최악의 사태가 발생했을 때 어떻게든 극복할 수 있는 안을 사전에 준비해둔다면 최선안까지 도달할 가능성은 희박하지만 적어도 실책을 최소화하는 방안 정도는 만들 수 있다.

Objective :
최적의 목적 · 목표를 설정하라

뛰어난 경영자들은 공통적으로 성확한 Situation 및 강한 신념과 이지력으로 자신의 능력을 훨씬 뛰어넘는 목적 · 목표를 설정하는 사람이다.

Objective란 무엇인가

영어사전에는 Objective가 목적, 또는 목표로 번역되어 있으나 국어사전에는 목적이 상위 개념, 목표는 그 하위 개념으로서 목적을 달성하기 위해 설정된 눈금으로 나와 있다. 따라서 눈금(목표)을 하나하나 달성해나가면 목적을 달성할 수 있다는 이야기가 된다. 즉 목적은 최종적으로 성취하고자 하는 것이다.

이 목적과 목표는 '목적 · 목표 연쇄'로도 곧잘 표현되는데, 마치 쇠사슬처럼 연결되어 있기 때문이다. 다음 도표는 고교 야구를 예로 들어 목적과 목표를 설명한 것으로, 이 연쇄 관계는 계속 이어지지만 상위의 목표가 하위의 목적이라는 관계로 연결되어 있다. 여기서는 Objective라는 용어를 이처럼 연쇄되어 있는 목적이나 목표의 의미로 사용하겠다.

고교 야구는 토너먼트 방식으로 상대방을 차례로 꺾고 결승전까지 올라가는데, 지역 우승은 전국대회 출전이라는 목적을 이루기 위한 목표다. 다시 말해 8강이나 4강 진출은 우승 컵을 손에 넣기 위한 목적을 이루는 목표에 해당한다.

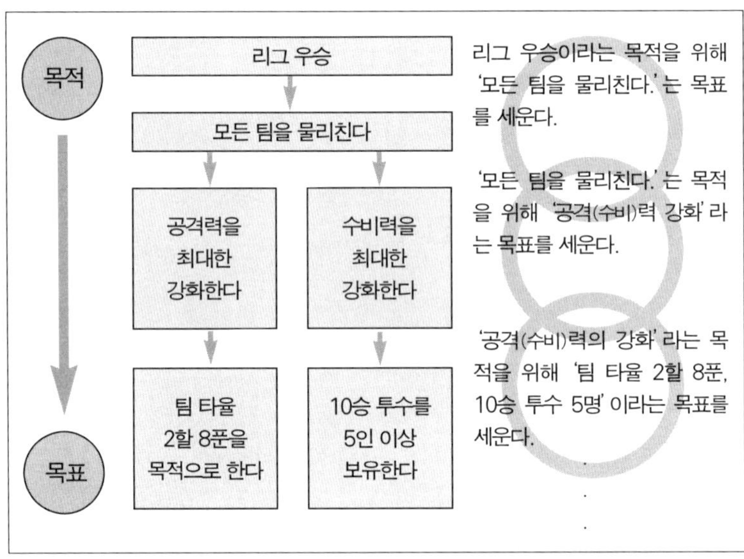

〈도표 2〉 목적·목표 연쇄

감독은 팀의 능력이 어느 정도인가로 최종 목적을 설정하게 마련이다. 어느 팀과 경기를 펼치든 한 번 우승하기만 하면 만족한다는 팀이 있는가 하면, 어떻게든 결승까지 진출하고 싶은 팀도 있듯이 목적 설정은 그야말로 다양할 것이다.

그러나 어떤 의사결정이든 목적이나 목표의 선택이 전제되어 있을 것이며, 또한 전제되어 있어야 한다. 그런데 불가사의하게도 비즈니스 세계에서는 목적이나 목표가 확실하지 않은 상태로 Alternative(실행안)가 선택되는 경우가 허다하다. 영업 대리점의 확대나 축소, 연구 개발비의 투자나 삭감, 특히 경기가 나빠졌을 때의 일률적인 비용 삭감 등 목적과 목표를 충분히 분석하지 않은 안이한 결정들을 자주 접한다. 여러분도 어떤 이유로 결정되었는지 도무지 목적을 알 수 없는 의사결정을 자주 목격할 것이다.

외자계 자동차 판매회사인 I사의 예를 들어보자. 어느 날 갑자기 영업부장이 '판촉용으로 대여 중인 시승용 차량을 전부 철수시킨다.'는 통고를 딜러들에게 내리는 바람에 엄청난 혼란이 일어났다.

이 조치에 불만을 품은 딜러들이 본사 영업부장에게 이유를 물은 결과, 새로 부임한 사장이 딜러용으로 할당된 판촉 경비를 일체 인정하지 않겠다는 지시를 내려 어쩔 수 없이 그 대책으로 무료로 대여하던 시승용 차량을 철수시킨다는 요지의 통지를 발송했다는 것이다.

이 설명에 의문이 더 커진 딜러들이 이번에는 사장에게 직접 진의를 확인했는데, 요는 딜러들에게 판촉 비용이나 접대비를 물 쓰듯 뿌려대던 전임 사장의 스타일이 결과적으로 회사 구조를 허약 체질

로 만들었다고 판단, 딜러들이 실적을 올리면 이윤을 충분히 얻을
수 있는 실적주의 계약으로 시스템을 바꾸기 위해 시승용 차량을 일
단 철수하는 조치를 취했다는 사실을 알아냈다.

본사 영업부장은 사장의 진정한 목적·목표를 제대로 이해하지
못한 채 무료 대여하던 시승용 차량을 철수시키는 부분적인 대책만
을 전달했고 그 바람에 실적이 뛰어난 딜러들이 두 손 들어 환영할
만한 정보가 오히려 혼란만 불러일으켰던 것이다.

목적이 확실하지 않은 회의나 서류, 형식만 남은 제도, 모두가 폐
해라고 느끼는 연중행사, 아무도 읽지 않는 보고서, 목적을 알 수 없
는 교양 교육 등, 이런 환경에 몸담고 있는 사이 당신 자신도 목적의
식 없이 그저 매일 매일 무사히 보내는 데 익숙해져 어느 날 갑자기
정신을 차리고 보면 Objective를 생각할 힘조차 상실한 무력한 당신
을 발견하게 될 것이다. 실제로 자신이 책임지고 있는 조직의 업무
목적을 설명해보라는 질문에 즉각 답변하지 못하는 관리직 간부들
이 놀랄 만큼 많다. 이런 직장 생활은 목표로 삼을 우승기가 없는,
오로지 재미로 뛰는 동네 야구와도 같다고 하겠다.

목적이 없으면 결과도 없다

나는 프로야구팀 요미우리 자이언츠(巨人)의 열렬한 팬으로, 나가

시마 시게오(長嶋茂雄) 전 감독의 선수 시절을 선명하게 기억하고 있다. 나의 개인적인 소견이기는 하지만 그는 뛰어난 선수였으나 감독으로서는 대성하지 못했다. Situation에 적합한 Objective를 선택하는 데 부족한 점이 많아 결국 요미우리 자이언츠 팀이 우승에서 점점 멀어지는 원인의 일부분이 되고 말았다. "요미우리 자이언츠 팀에는 '늘 우승'이라는 목적이 있다, 따라서 타자는 매회 타석에 설 때마다 홈런을 치고 투수는 던질 때마다 삼진 아웃을 거두어야 한다. 이것이야말로 충전 플레이, 즉 늘 우승이라는 목적에 필적하는 것이다."

이처럼 상황에 관계없이 '항상 최선을 다한다.'는 이상론만으로 경기를 한다면 감독은 필요 없을 것이다. 운동 경기 역시 상대방과 승부를 건 싸움이므로 마지막에는 우승이라는 목적을 거두기 위해서 선수를 보호하기도 하고 때로는 지는 시합까지 만들며 프로그램을 짜내는 것이 감독의 일이다.

'늘 우승을 해야 한다.'는 심리적 압박으로 인해 선수들은 피로해지고, 항상 성공해야 한다는 긴장감으로 인해 심신이 경직됨으로써 실패한다. 홈런을 맞아도 좋으니 마음껏 던지고, 삼진을 당해도 좋으니 힘껏 휘둘러보라는 호쾌한 야구를 좀처럼 펼치지 못한 채 늘 벤치에 신경 쓰는 소극적인 플레이를 하는 경기 운영 스타일이 정착돼버렸다.

물론 나가시마 감독이 '우승하지 않아도 좋다. 최선을 다하는 것이 목적이며, 이것이 요미우리 자이언츠 팀의 야구 미학'이라고 한다면 당연히 목적에 걸맞은 행동이었다고 생각한다.

이와 마찬가지로 경영에서도 상황에 적합한 목적과 목표를 생각하지 않고 체면상으로 '늘 우승'을 구하는 행동을 취하기 때문에 많은 회사들이 적지 않은 손실을 입고 있으며 이 손실을 합하면 엄청난 금액이 된다. 여기에는 다음과 같은 이유가 있지 않을까 생각한다.

≫ 다른 회사가 하니까 우리도……

아무리 신청서를 올려도 보류 상태이던 안건이 '다른 회사들도 이미 하고 있으니 더 이상 늦춰서는 안 된다.'는 단 한 줄을 추가하자 바로 승인이 떨어진 경우를 무수히 경험했을 것이다. 엄청난 금액의 예산까지도 '어쩔 수 없지.'라며 검토조차 제대로 안 한 채 바로 승인한다. 회사의 목적이 '타사가 하는 일은 반드시 따라한다.'는 것이라면 그렇게 해도 상관없다. 그렇다면 경영자는 필요 없지 않은가?

최근의 예를 들어보면, 기업들이 기간 업무 시스템의 범용 소프트웨어 패키지 도입에 너나 할 것 없이 덤벼들었는데, 여기에는 어마어마한 비용을 지불하지 않으면 안 된다.

기간 업무 시스템이란 수주 및 발주 처리 — 생산관리 — 재무관리 — 인사관리 — 물류관리 등의 기본 업무와 관련된 업무 시스템을 말한다. 지금까지는 각 기업의 실정에 맞는 시스템이 제각기 개발되어 사용되었다. 그런데 이 기간 업무 시스템의 개발과 유지 비용을 대폭 삭감할 수 있는 범용 소프트웨어가 개발되었다는 매력적인 선전 문구에 이끌려 충분한 검토도 거치지 않은 채 수억 엔의 사용료를 지불해야 하는 이 일에 많은 기업이 쇄도했다. 결과적으로는 도입 시 제반 조건이 필요하므로 좀처럼 작업이 진행되지 않는다는 사실이 드러났다.

≫ 지금까지 그렇게 해왔으니까

예를 들어 출퇴근 시간에 얼마나 많은 시간을 할애하고 있는지 놀랄 것이다. 회사에 꼭 출퇴근을 해야 하는가, 인터넷 등의 통신이 발달한 요즘 당연히 가지게 되는 의문이다. 출장 역시 정말로 필요한 경우는 몇 퍼센트 정도일까?

업무 추진방법, 생산방식, 광고방식, 영업방법 등을 목적이라는 시각에서 근본적으로 재검토해보면 의문점은 얼마든지 드러난다. 그러나 이러한 관례, 관습을 개혁하기 위해서는 타인을 설득하는 강렬한 에너지가 필요하므로 '대충 하자.' 식으로 지레 포기해버리는 경우가 흔하다.

≫ 기득권을 잃고 싶지 않다

정부 관공서의 행정개혁 추진을 살펴보자. 정·재계, 관료의 특권층은 자기 권익 유지에는 열정적으로 매달리면서 행정 개혁의 목적이나 목표에 대해서는 논의조차 제대로 하지 않는 형편이다.

행정 개혁의 목적은 무엇인가? 비용을 줄일 수 있는 작은 정부 만들기, 관공서의 수요에 의존하지 않는 대기업 체질 구축, 일본 정치권의 고질병이라고 할 정치가의 세습화 방지, 인허가 제도 폐지를 통한 자유로운 시장 환경 조성 등을 들 수 있다.

하지만 실제로는 개혁이라는 두터운 화장만 계속하고 있을 뿐 변혁의 결과는 여전히 나타나지 않고 있다. 민영화 또는 관공서의 통폐합이라는 간판으로 바뀌었을 뿐, 핵심이라고 할 업무 자체의 변혁은 그야말로 어둠 속에 잠겨 있다.

기업에서도 똑같은 일이 벌어지고 있는데 목적이 확실하지 않은 구조 개선책으로 해고를 남발, 체질 약화의 원인만 양산하고 있다.

강한 의지로 Objective를 설정하라

상황에 적합한 Objective를 설정하는 능력은 어떻게 연마할 수 있을까? 사실 이 능력은 평생 연구하고 배워도 완성이 있을 수 없는 분야다.

앞에서 언급한 고교 야구를 다시 한번 떠올려보자. Situation을 파악할 때는 우리 팀이 이 정도면 우승하겠다는 아슬아슬한 선을 판단할 수 있는지가 대단히 중요하다. 능력도 없으면서 우승을 목표로 한다면 오히려 헛된 노력을 기울일 가능성이 높다.

지피지기 백전백승(知彼知己 百戰百勝)이라는 말은 이기지 못할 싸움을 해서는 아니되며, 지금은 이기기 위한 준비를 도모할 때라는 의미도 포함하고 있다.

이와 반대로 객관적인 데이터에 지나치게 집착해 싸우기도 전에 전의를 상실해버리는, 즉 의지력이 가져다주는 플러스알파의 힘을 망각한다면 '도전' 함으로써 자신의 능력을 더욱 연마할 수 있는 중요한 기회를 놓치는 결과가 된다.

뛰어난 경영자라고 평가받는 사람들을 연구하다 보면 이들과 평범한 경영자들과의 근본적인 차이가 확연히 드러난다. 뛰어난 경영자들은 공통적으로 정확한 Situation 파악 및 강한 신념과 의지력으로 자신의 능력을 훨씬 뛰어넘는 Objective를 설정한다.

혼다자동차의 창업자 혼다 소이치로(本田宗一郎)는 자서전에서 "젊은 시절, 이대로 되는 일 하나 없이 시간만 보내다가 세계 제일의 자동차 회사를 만들겠다는 자신의 꿈이 영영 꿈으로 끝나버릴지 모른다는 공포감에 짓눌린 적이 한두 번이 아니었다."고 털어놓았다. 그러나 그는 그때마다 자신의 목표를 세밀하게 나누고 하루하루의 목표를 철저하게 관리하는 방법을 이용했는데, 매일 밤 오늘 하루 자신에게 부끄럽지 않게 노력했는지 반성하고 찌그러진 양철 목욕통에 몸을 담그고는 별들의 위로를 받아가며 목표 하나하나를 확인했다고 한다.

일본 전자부품 전문회사 교세라를 창업한 이나모리 가즈오(稲盛和夫) 역시 샐러리맨 시절 자신의 제안서나 의견이 계속 거절당하고 면박당하는 등 그야말로 박해를 받자 점심시간만 되면 늘 혼자 강둑에 나가 앉아 노래를 읊으며 스스로 격려하면서 자신의 신념과 목표를 버리지 않았다고 한다.

새로운 사업으로 큰 성공을 거두거나 히트 상품을 개발한 사람들을 보면 처음부터 순풍에 돛 단 듯 탄탄대로를 달린 사례는 그리 많지 않다. 어쩔 수 없는 상황에 쫓기며 망연자실하던 중에도 자신의 목적·목표를 절대로 포기하지 않고 재차, 삼차 확인하는 과정에서 어느 날 갑자기 길이 열리고 묘안이 떠올랐다는 경우가 더 많다.

어려운 상황에서도 강한 의지력으로 최적의 목표를 설정하겠다는 마음가짐이 없다면 신의 도움도 바랄 수 없을 것이다.

다음 두 가지 점에 주의하여 Objective를 설정하자.

≫ Situation 파악의 수준에 맞춰 Objective를 설정한다

앞에서 언급한 혼다 소이치로의 예로도 알 수 있듯이, 세계 제일의 자동차 회사라는 목적은 어디까지나 자신의 그랜드 디자인으로서 지향할 골인 지점이며, 그것을 이루기 위한 첫걸음은 고성능 자동차 엔진을 개발하는 등 세세한 하부 목표를 달성하지 않으면 안 된다. 우선 엔진 개발이라는 목표를 세우고 하루하루 매진하는 것이 중요하며, 이를 위한 목적·목표의 연쇄 설정이 이루어지지 않으면 안 된다.

과연 세계 제일의 자동차 회사가 될 수 있을까? 실패하지는 않을까? 이에 대한 Situation 판단은 미래의 일이자 희망과 꿈이기는 해도 의사결정을 해야 할 단계는 아니다. 즉, 지향하고자 하는 도달점으로 굳은 의지와 꿈으로 가슴속에 새겨두는 것이지, 현시점에서의 Situation 판단이나 행동과 직접적으로 관계하는 Objective는 아니라는 말이다. 물론 이 같은 궁극의 의지가 무엇과도 바꿀 수 없는 중요한 힘이라는 점이 대전제다.

≫ 능동적으로 행동하며 Objective를 설정한다

빌 게이츠의 윈도 개발 과정을 살펴보면 Objective 설정이 대단히 적극적이었음을 알 수 있다. 학생 시절 PC를 이리저리 꾸며가며 이용하던 그는 범용 OS(운영체제)가 등장한다면 틀림없이 큰 사업이 될 것이라고 감지했으며, 예의 범용 OS가 개발되었다는 소식을 접하자 즉각 개발자가 있는 곳으로 비행기를 타고 날아가 품질을 직접 확인했다. 또한 이를 판매할 대상으로 IBM을 선택한 뒤 개발자로부터 납품 약속을 받아냈으며, 구입한 소프트웨어를 수정 제작해 판매하는 데 성공함으로써 오늘날 마이크로소프트의 위용을 갖추게 되었다.

빌 게이츠는 스스로 뛰어다니면서 Situation 파악의 수준을 점차 높여나가고 그 다음 Objective를 설정하는 능동적인 자세를 견지했다. 즉, 먼저 자신이 알고 있는 정보와 모르는 정보를 재빨리 구분하고, 모르는 정보 가운데 가장 중요한 정보를 우선적으로 과감하게 밝혀냄으로써 Situation 판단의 수준을 한 단계 높인 시점에서 다시 차기의 Objective를 설정해나간다. 그리고 하나의 정보를 파악한 다음에는 더욱 높은 가치를 지닌 '모르는 정보'를 찾는 데 뛰어드는 동작을 스피디하게 반복해나가고 있음을 알 수 있다.

Objective야말로 의사결정의 핵심

정보도 충분하지 않고 상황도 불투명한 상태에서 의사결정을 내려야 할 때는 Objective 확인이 최강의 무기가 된다.

　일본의 저술가 야마모토 시치헤이[*]의 수기를 보면, 필리핀 루손 섬에서 미군의 추격으로 이리저리 쫓기던 당시의 의사결정 체험이 자세히 기록되어 있다. 제대로 된 무기는 물론, 먹거리 하나 없이 그저 참호 속에 웅크리고 숨어 있는 일본군을 향해 미군이 함포 사격을 가하며 화염병기로 무장한 채 일제히 상륙을 개시했다. 포성이 들린다. 겁에 질린 부대원들이 도망치기 시작한다.

　야마모토는 적군의 상황을 전혀 파악할 수 없는 긴박한 현실에서 자신이 할 수 있는 유일한 행동은 자신의 목적을 명확히 하는 일 외에 아무것도 없음을 깨닫는다. 자신의 목적은 두려움에 떨며 이리저리 쫓겨 다니는 것이 아니라 오로지 살아남는 것이었다. 그래서 우거진 정글을 헤치고 나와 섬 최북단 절벽까지 도망친 뒤 전투가 끝날 때까지 기다리기로 했다. 이 선택이 살아남을 확률이 가장 높은 유일한 방법이며, 이것이 실패하면 그때는 어쩔 수 없다고 판단했다. 결국 그를 따르던 몇 명의 병사를 제외하고는 전 부대원이 목숨을 잃었다. 이 사례가 극단적일지는 모르지만 정보가 충분하지 않다는 점을 전제로 해서 자신의 근본 목적을 재확인하고 그에 적합한 최선의 방법을 취한 경우라고 하겠다.

✽ 야마모토 시치헤이(山本七平, 1921~1991년) : 평론가. 1958년 크리스천 전문 야마모토 서점을 세웠다. 1944년 5월 제2차 세계대전에 포병 소위로 필리핀 전투에 참가, 1945년 8월 15일 루손 섬에서 종전을 맞았다. 같은 해 9월 16일 마닐라 포로수용소로 이송됐다가 1947년 귀국하여 전쟁 체험을 토대로 〈내 속의 일본군〉을 발표했으며, 1970년 원작자 및 내용의 진위 등으로 아직도 논란을 일으키는 〈일본인과 유대인〉과 〈하급 장교가 본 제국육군〉 등의 저서를 남겼다.

≫ 정보가 적을 때는 Objective를 활용하라

모 기업에서 Situation 파악 능력을 양성하는 교육을 하던 중 주력 공장에서 화재가 발생했다는 보고가 날아들었다. 다행히 사업부장이 참석하고 있었는데, 그의 Objective 설정은 정말로 훌륭했다.

그 공장은 최첨단 설비를 갖춘 곳으로 유명한데, 공장 주변이 모두 콘크리트로 둘러싸여 있으며, 내부는 출입금지 상태여서 화재 정도를 파악할 수 없는 상황이었다. 사업부장은 즉각 세 가지 목표를 설정했다.

1. 인명 피해가 나지 않게 소방서와 긴밀히 연락하여 사람들의 출입을 일체 금지시킬 것.
2. 납품 지연으로 고객에게 피해가 가지 않도록 다른 공장에 납품 협력 의뢰를 철저히 할 것.
3. 진화 작업이 끝나면 해당 공장에 생산성을 두 배로 높인 생산라인을 3개월 안에 설치할 것.

이 역시 충분하지 않은 정보에도 Objective를 적절히 활용한 사례다. 반대로 Objective라는 개념조차 없이 그저 Situation 파악에 분주히 뛰어다니다가 결국 아무런 성과 없이 의사결정만 지연되는 경우도 있다.

인터넷 비즈니스가 지금처럼 급속하게 확대되리라고는 누구도 예상하지 못했을 것이다. 인터넷 비즈니스가 싹틀 무렵 이 분야의 눈부신 성장을 전혀 예상하지 못한 대형 소프트웨어 회사들은 저가의 소프트웨어를 속속 발표하며 등장한 네트워크 계열의 신참 소프트웨어 회사들에 종래의 상권을 차례로 내주기 시작했으며, 나아가 속도나 비용 면에서 아예 이들을 쫓아갈 수 없는 분야까지 점점 확대되고 있다.

대형 소프트웨어사들은 소프트웨어 패키지 개발이나 인터넷 벤처기업의 매수, 종합 서비스 등의 시도를 해보지만 결국 뒷북 치는 꼴로 네트워크 계열의 벤처기업을 흉내 내고 있다.

결국 이쯤에서 '우리의 비즈니스 Objective는 무엇인가?' 라는 기본적인 질문으로 되돌아가는데, 지금까지의 Objective가 고객으로 하여금 정보를 최대한 이용하게 만드는 것, 경영 개혁을 추진하는 데 공헌하는 것이었다면 네트워크 시대에 고객이 요구하는 바는 무엇인지를 고민하기 시작한다. 그 결과 우리 회사는 고객의 비즈니스, 업무를 더욱 깊이 이해하고 종합적인 정보 시스템의 구축을 지원하는 것에 집중해야 한다는 답변이 나온다. 웹사이트의 벤처기업과 싸울 것이 아니라 서로 협력하는 길이 보이기 시작한 것이다.

≫ 세계를 무대로 뛰고 싶다면 Objective 설정 능력을 연마하라

일본인은 기나긴 역사 속에서 정보가 충분히 수집되지 않으면 아무것도 결정할 수 없고 행동할 수 없다는 의식이 뿌리 깊게 자리잡은 민족이다. 주변국과 국경을 마주한 채 '먼저 본 놈이 임자' 라는 자본주의 세계에서 리스크를 걸머진 싸움에 끊임없이 도전해온 나라의 국민과 비교하면 신속한 의사결정력 면에서는 늘 뒤처져 있다. '타인보다 빨리 정보를 수집' 하고 '타인보다 빨리 Objective를 설정' 하는 것이 승리를 가져다주는 필수 요건이라는 체험과 훈련이 부족하다는 이야기다. 오늘날의 글로벌화는 결국 의사결정 속도를 다투는 싸움이므로 외자계 기업의 재빠른 행보에 일본 기업은 늘 휘둘리고 있다. 그리고 궁지에 몰리면 의사결정 메커니즘을 무시한 채 신에게 매달리는 식의 속단을 내려 심각한 손실을 입기도 한다.

금융 업계나 시스템 업계의 국제 경쟁력이 얼마만큼 낙후되어 있는지를 살펴보면 일본인의 Situation 파악 능력과 목표 설정 능력이 얼마나 뒤떨어지는지 알 수 있다. 따라서 세계의 수많은 경쟁자들과 싸우기 위해서는 먼저 Objective 설정 능력을 강화하는 작업부터 시작하지 않으면 안 된다. 정부 또한 산업을 진흙 구덩이에서 건져내고 싶다면 산업계의 Objective를 '세계를 무대로 비즈니스를 전개해나가는 기업'으로 재설정해야 할 것이다. 대처 요법을 반복하는 방법만으로는 목적 없는 헛수고가 될 뿐이며, 기업 역시 국제화된 시장에서 Objective를 제대로 수립하지 않은 채 단기적인 대처만으로는 장기간의 경쟁에서 절대로 이길 수 없다.

Objective 설정 능력과 Situation 파악 능력은 서로 영향을 주고받는 관계다. 그러므로 자신의 의지를 관철시켜 Objective를 높게 설정한다면, 그를 위한 정보 파악 능력 또한 높아질 것이고 그에 따라 인간의 심리는 정보가 수집될수록 더 높은 Objective에 도전하고 싶어진다.

일본인은 정보 수집 능력에 부족한 편이다. 특히 영어로 말하고 듣는 능력이 뒤떨어지는데(아시아에서 하위 2위 정도라고 한다), 이것이 네트워크 시대에 경영 능력을 심각할 정도로 약화시키는 주범이

되고 있다. 영어 원문을 일어로 번역한 경제 관련 잡지나 신문 기사
는 결국 시간이 경과한 뒤의 내용이므로 정보의 의미를 잘못 이해하
는 경우도 꽤 많다.

IT(정보기술) 분야를 위시해 일본의 전 산업계가 현실을 제대로 인
식하기 위해서는 세계화 속에서의 생존을 목적으로 설정하고 필사적
으로, 글로벌 정보를 영어로 직접 수집하도록 노력해야 할 것이다.

Alternative : 구체적인 실행안을 창조하라

창조를 위한 첫걸음은 아무런 제약 없이 자유롭게 생각을 펼쳐나가는 것이다. 처음부터 비판에 자유로운 확실한 안을 구상하려고 하면 사고의 흐름이 정체돼버린다.

Alternative란 무엇인가

Alternative는 Objective를 실현하는 수단, 즉 구체적인 행동을 말한다. 애써 목표를 설정해도 Alternative를 만들어 행동하지 않는다면 목표는 실현될 수 없다.

'큰 씨름'이라는 뜻의 일본 프로 씨름인 오즈모(大相撲) 경기에서는 하위 계급의 선수가 최고 계급인 요코즈나를 물리치는 파란을 일으키면 금별(金星)을 잡았다고 표현하는데, 이 금별을 차지하겠다는 목표는 구체적인 공격, 즉 Alternative를 통해서만 비로소 실현될 수 있다. 공격에는 '오로지 정면 공격, 또는 밀어 치기'의 방법도 있을 것이고, '머리로 밀어 치기 한 다음 어깨로 옆 날려 치기'의 방법도 있을 것이다. 이런 여러 가지 실행 수단을 Alternative라고 한다.

영어사전에 Alternative는 '대안, 둘 중에서의 선택, 양자택일' 등으로 번역되어 있다. 대안은 어떤 안(案)을 대신하는 안이라는 뜻이므로, 먼저 하나의 안이 존재하고 그에 대신할 만한 안을 강구한다는 뜻으로 생각할 수 있다.

그러나 영어권에서는 복수의 Alternative를 다각도로 폭넓게 생각할 경우에 이 단어를 쓴다. 이는 변화가 적은 농경사회에서 발전한 일본어와 주변과의 끊임없는 전쟁 및 경쟁 속에서 복수의 공격 방법을 발상하지 않으면 안 되는 환경에서 발전한 언어, 즉 영어와의 차이점이라고 생각한다.

Alternative를 정확하게 번역하면 '복수의 선택안'이 되는데, 이렇게 길게 표현하다가는 일상적으로 사용하는 단어로 위화감을 느낄 수 있으며 경쟁 속도가 더욱 요구되는 요즘과 같은 국제화 시대에 불편할 수 있다. 번역해서 더욱 불편해지는 영어라면 그대로 사용하는 것도 글로벌 시대에 적응하는 한 방법이라고 생각한다.

경영자들에게 자주 듣는 말 가운데 하나가 "우리 직원들은 왜 한 가지 안밖에 제출하지 않는지 모르겠다."는 것이다. 경영자 처지에서는 직원들이 다양한 관점에서 구상하고 계획한 여러 개의 안을 비교 검토한 뒤 제안서를 제출하기 바라는데, 그들은 하나의 안이 떠오르면 그걸로 승부를 내려고 한다는 것이다. 즉, 부하 직원들의 발상력 부족에 늘 실망한다는 말이다.

대부분의 사람들은 Alternative를 복수로 생각하는 습관이 몸에 배어 있지 않다. 안을 구상할 때 무의식적으로 스스로에게 제약을 가하는, 이를테면 자기 검열을 함으로써 한정된 범위에서만 생각하는 경우가 많기 때문이 아닌가 싶다. 나는 이를 다음과 같은 요인 때문이라고 본다.

≫ 반복적인 경험에 안도감을 느낀다

노래방에서 신나게 노래 부르는 사람들을 자세히 살펴보면 기계의 채점 요령을 터득, 충실히 재현하려는 사람이 많음을 알 수 있다. 또 소풍이나 파티 석상에서 분위기를 고조시키고 싶을 때도 예전에 반응이 좋았던 노래나 개인기를 펼쳐 보이려는 경향이 강한데, 이는 모험보다 안전 지향으로 과거의 즐거웠던 경험이나 체험을 추구하려는 의식이 강하기 때문이다. 가장 모범적인 이미지를 재현하려는 심리가 결국 일안주의를 낳게 하는 것은 아닐까.

≫ Alternative의 질적인 향상보다 타인과의 조화가 우선 된다

조직의 조화를 앞세우다 보면 구성원들의 관심은 조직 내 합의 형성에 집중되고 자연히 대립안을 두려워하는 분위기가 만들어진다. 또한 조직의 의견이 무난하게 수습되도록 처음부터 한 가지 Alternative로 합의하는 것이 목적인 대체안이 만들어지는 경우조차 생기며, 경영자에게 안이 올라가기 전까지 관계자들의 이해를 조정하는 작업이 면밀히 이루어지면서 요지부동인 한 개의 안이 만들어지는 경우도 흔하다.

≫ 무의식적으로 전제 조건에 얽매인다

업무 생산성을 높이고자 한다면 먼저 현재의 일 처리 방식을 제쳐 두고 Objective부터 논리적으로 생각해 이상적인 안을 구상해야 한 다. 그리고 이상적인 안을 구상한 뒤 비로소 제약 조건이나 리스크 배려, 양보할 부분을 고려하는 것이 기본 법칙이다.

그런데 '이런 고상한 안을 만들어봤자 좀처럼 합의까지 이르지 못 할 것'이라든가, 혹은 '우리 회사에는 이런 이상적인 안이 시기상조 이며 당연히 인정해주지도 않을 것'이라는 선입관으로 스스로 제약 을 만들어버리는 경우가 있다. 즉, 자기 검열이나 현재의 제약을 토 대로 안을 구상하기 시작하는 것이다.

이렇게 되면 Alternative의 범위는 당연히 한정된다. 자신도 모르 는 사이에 비용이나 인원, 조직, 제도 등 현실적인 제약을 전제로 해 서 Alternative를 구상하면 결국 개선형의 일안주의 지향으로 흘러가 게 마련이다.

≫ 철저하게 Alternative를 구상하는 데 흥미가 없다

'이 정도면 되겠지……'

어느 선에서 자신과 타협하거나 대충 마무리 짓는 등 자기만의 안 이나 구상에 대해 자부심을 느끼거나 주인의식을 가지는 사람이 아 주 드물다. 명령에 따라 의무적으로 일을 처리하거나 불호령만 떨어 지지 않으면 된다는 식으로 업무를 처리하는 샐러리맨 의식이 거듭 쌓이다 보면 일안주의는 더욱 심화된다.

일안주의에 의한 실패

현재 미국 실리콘밸리에는 제2의 부흥기가 도래했다고 할 만큼 매년 수많은 벤처기업이 탄생하고 있다. 그런데 이 중 절반은 3년 이내에 사라진다고 하는데, 재미있는 사실은 이렇게 사라지는 기업의 경영자는 새로운 벤처기업으로 자리를 옮겨가며 계속 살아남는 구도가 실리콘밸리에서는 일반적이다. 이처럼 일정한 수의 기업이 사라지는 것은 어떤 의미에서는 건전성의 지표이기도 하다.

일본에서도 해마다 수많은 인터넷 벤처기업이 세워지고 있는데, 그 뿌리를 거슬러 올라가 보면 한때 유명했던 시부야(涉谷)의 비트밸리[*]에서 기업을 목표로 활동하던 청년들에게로 이어지는 경우가 많다.

그들은 재미있는 비즈니스를 발견하면 즉각 회사를 세운 뒤 성공을 거두다가도 흥미가 떨어지면 다른 사람에게 회사를 양도하곤 또 다른 기업 활동으로 돌입한다. 그러다 기업에 실패하면 동료의 벤처기업에 직원으로 들어가 자신이 좋아하는 분야의 사업을 맡아 처리한다.

✱ 비트 밸리(Bit Valley) : 1998년 후반부터 도쿄 시부야에 젊은 경영자들이 인터넷 관련 벤처기업을 설립하면서 널리 알려지기 시작했고, 2000년 이후 벤처기업의 주가 하락 등으로 쇠퇴했다. 현재도 IT 기업이나 벤처기업들이 활동 거점으로 이용하고 있지만 예전과 같은 활기는 찾기 어렵다.

무슨 일이 있어도 자기가 만든 회사를 발전시키고 존속시켜야 한다는 중압감에서 벗어나 시대의 흐름을 빠르게 읽고 세계 최초의 기술, 부품, 서비스에 차례차례로 도전하는 것이다. 그들은 성공을 거둔 뒤에도 그것에 집착하는 등의 수비 태세로 돌입하는 일은 없다.

한 개의 안에 매달릴 것이 아니라 두 번째, 세 번째 안도 실행할 만한 가치가 있으며 실제로 실천해나간다면 더욱 행복해질 것이라고 생각한다.

≫ '잭의 큰 나무' 현상

시장 경기가 나쁠 때 비용 삭감의 대상으로 제일 먼저 검토되는 부문은 아마 연구개발(R&B)비일 것이다. 현재 진행 중인 연구개발에서 어느 것이 가장 중요한지……. 즉, 연구 테마에 대한 재검토가 이루어진다.

모 기업의 연구개발 담당 간부는 이를 가리켜 '잭의 큰 나무' 현상으로 표현했다. 즉 연구원이 한 가지 테마(콩의 씨앗)를 발견하면 온통 그 연구에만 매달린 뒤 마침내 줄기가 나와 성장하면 그것을 타고 구름 위로 올라가 버리는 경향이 있다는 것이다.

그런데 이렇게 줄기를 타고 올라가는 것까지는 좋지만 아무리 시간이 지나도 황금 알을 낳는 닭(→성과)은 나오지 않는다. 결국 더 높이 올라가게 되고(→점점 더 연구가 진행되고), 어느 날 문득 아래를 내려다보면 너무 높아서(→연구에 너무 깊이 빠져서) 내려가고 싶어도 쉽게 내려갈 수 없는(→연구를 중지하고 싶지만 그만둘 수 없는) 상황이 벌어진다는 뜻이다.

연구자들이 한 가지 연구 테마에 깊이 빠지는 경향을 은유한 이야기다.

나는 '두꺼운 철판을 간단히 뚫을 만큼의 물총을 개발하기는 했는데 용도가 없다.', '실보다 가는 철선을 개발했지만 용도를 찾을 수 없다.', '초미진동을 전류로 바꾸는 센서를 개발했지만 용도가 없다.' 등의 실용화 방법에 대해 상담을 받은 적이 있다. 이 모두 나름으로는 모종의 기대를 품고 개발했지만 현실 적용에 어긋난 경우라고 할 수 있다.

연구개발에서만 이런 일안주의의 폐해가 나타나는 것은 아니다. 영업 분야에서도 일안주의의 공포는 존재한다. 지금까지 자사만의 독특한 판매 스타일로 실적을 쌓아온 기업들은 그 패턴에 사로잡히는 경향이 있다. 게릴라 전법 또는 릴레이 영업 스타일, 혹은 대리점 망이 탄탄하다는 등의 역사가 있으면 그 하나의 능력에만 의존해 시대가 바뀌어도 다른 능력으로 전환시키지를 못한다.

종합상사나 슈퍼마켓의 지반 침몰을 들여다보면 이러한 흐름의 변화를 목격할 수 있다. 술 접대 등으로 지금까지 실적을 쌓아온 영업 사원들은 오늘날의 영업 스타일, 즉 기술력을 기본으로 갖추고 제안 능력까지 자랑하는 영업 방식에 무너지고 있는 것이다.

≫ 보이지 않는 세계에 대처하는 능력 – 가설 검증 능력

경영이나 관리 수법 역시 마찬가지인데, 한 가지 패턴이나 고정된 스타일이 결국 문제의 Trigger로 작용한다. 일본의 많은 경영자와 관리자들이 지금도 과거 고도 경제성장기의 경영 수법을 그대로 고수하고 있는데, 이 시기의 특징은 철저한 '효율화'이므로 효율성의 경쟁에서 이기기만 하면 선두를 달릴 수 있었다.

그러나 현재의 시장은 대부분 포화 상태다. 윤택한 공급에 비해 상대적으로 적은 수요 속에서 '어떻게 하면 수요를 창출해낼지'가 가장 중요한 과제로 등장했다. 즉, 사업의 효율화만으로는 기업의 존속 자체가 불투명한 상황이다.

따라서 신규 사업개발 쪽으로 자원을 이전시켜 나가는 일이 급선무인데, 이때 키워드로 등장하는 것이 바로 '가설을 세우고 검증해나가는 능력'이다. 즉, 보이는 세계에 대처해나가는 것과 보이지 않는 세계에 대처해나가는 것의 차이다.

가설을 검증할 때는 대개 복수의 가설이 전제된다. 목적이나 목표가 동일하더라도 거기에 이르는 길은 불투명하다. 이 불투명 영역에는 '혹시 이렇게 되어 있을지도 모른다.'는 Situation 관찰과 '그렇게 되어 있을 경우에는 이런 수단이 강구될 것이다.'라는 식의 가설을 얼마든지 생각할 수 있다.

이때 하나의 가정이나 가설만으로 세상을 헤쳐 나갈 수 있다고 믿는다면 심각한 함정에 빠질 가능성이 높다. 실적이 형편없는 경영자들의 경영 지침을 조사해보면 한 가지 패턴에 매달리는 사고 스타일이 두드러지게 나타난다. 예를 들어 타사보다 성능이 뛰어난 상품을 개발하면 시장점유율 1위는 반드시 달성된다는 식으로 단 하나의 가설에 매달리는 경영자가 놀랄 정도로 많다. 상품의 성능은 평균 수준이지만 가격이 저렴하거나 서비스가 뛰어나거나 배달이 빠르다는 식의 복수 안을 가설로 세우는 유연성이 결여되어 있는 것이다.

창조적인 Alternative를 구상하는 방법

세상에는 천재라는 부류가 있어서 상황 변화에 발맞추어 이런저런 수를 차례차례 창안하는 인물이 있다. 소니나 혼다는 대대로 이런 천재적인 경영자들에 의해 이어져 왔으며, 이것이 글로벌 기업과 창조적 기업이라는 브랜드 이미지가 확립된 이유라고 하겠다. 여러분 주위에도 흔하지는 않지만 남다른 재능을 발휘하는 사람들이 있을 것이다.

이들의 특징은 자기 방어적인 자세가 거의 없으며, 누구에게나 자유롭게 자신의 생각을 펼친다는 점이다. 그리고 마음속으로는 늘 정신적인 자기 규제 및 자기 검열을 해제시키고자 끊임없이 노력하고, 또한 의식적으로 편안한 상태에서 떠오르는 대로 생각을 펼칠 수 있는 휴식 시간을 만든다.

자, 이쯤에서 창조적인 Alternative를 계속 구상할 수 있는 힌트를 살펴보자.

≫ 떠오른 Alternative는 철저하게 기록한다

창조를 위한 첫걸음은 아무런 제약 없이 자유롭게 생각을 펼쳐나가는 것이다. 처음부터 비판에 자유로운 확실한 안을 구상하려고 하면 사고의 흐름이 정체돼버린다. 마치 어린아이가 낙서하듯 아무런 규제나 제약 없이 즐겁게 떠오르는 안을 차례차례 기록한다. 대부분의 안이 당장은 아무런 쓸모없을 듯하지만 그런 일에 일일이 신경 쓰다 보면 자유롭게 사고의 날개를 펼칠 수 없다.

사실 머리로 생각하는 작업은 대개 이미지로 떠오르므로, 이를 언어로 표현하는 것이 쉬운 일은 아니다. 아무리 애써도 간단하게 단어로 다 표현할 수 없는 경우가 많으므로 머릿속의 이미지를 잊어버리지 않도록 그림이나 기호까지 동원해 기록한다.

불완전한 기획안일수록 그 내부를 들여다보면 꿈이 담겨 있다. 꿈이란 자기가 원하는 것 또는 되고 싶은 궁극의 모습이므로, 이 꿈이 클수록 현실과의 격차가 큰 불완전한 안이 만들어진다. 하지만 이를 부정적으로 볼 것이 아니라 불완전함을 오히려 꿈의 표현으로 생각하면서 철저하게 기록해나간다. 오히려 얼마나 많은 꿈과 구상을 그릴 수 있을까를 점검해본다는 생각으로 임하는 것이 좋다.

과학의 세계에는 '수량이 임계[*]를 넘어서면 질로 전환한다.'는 법칙이 있다. 성능이 형편없는 대포도 계속 쏘다 보면 명중되는 경우가 있다는 것이다. 실제로 머리가 아플 정도로 안을 구상하다 보면 아이디어가 점점 질적 변화를 일으켜 처음과는 전혀 다른 안이 연속적으로 떠오르는 경우가 있다.

≫ 떠오른 안은 철저하게 의심한다

앞에서 말한 내용과는 정반대이므로 혼란을 일으킬 수 있겠지만,

---

[*] 임계(臨界) : 어떠한 물리 현상이 갈라져서 다르게 나타나기 시작하는 경계. 즉, 핵분열의 연쇄반응이 일정한 비율로 지속되는 상태를 말한다.

앞의 작업으로 떠오른 안중에 그럴듯해 보이는 안을 철저하게 의심해보는 작업이 창조성 발휘에 효과적이라는 뜻이다. '더 이상 좋은 안은 없을 것, 아마도 이것밖에 없다.'는 판단이 내려졌을 때야말로 '절대로 그럴 리 없다, 이건 최악의 안이다, 왜냐하면……'식으로 질문을 계속 던지며 철저히 의심해본다.

예를 들어 다음과 같은 기본적인 질문을 던지는 것이다.

• 정말로 해낼 수 있을까?

• 예정된 성과가 과연 실현될까?

• 시간은 충분한가?

• 누가 기뻐할까?

• 주위에 나쁜 영향을 끼치지는 않을까?

• 적과 싸울 수 있는가?

이런 식으로 자신이 최선이라고 생각한 안을 공격해 들어간다. 아무리 훌륭한 안이라도 결함은 있게 마련이다. 좋은 안일수록 결함이 많다고 해도 과언이 아니다. 질문을 거듭하다 보면 도무지 넘어설 수 없을 듯한 벽이 보이기 시작한다. 바로 이 벽이야말로 극복할 수만 있다면 실로 기적의 승리를 가져다주는 장벽이다.

3M이나 닛토 덴코(日東電工)는 '무엇이든 붙이자'는 콘셉트 하나로 수십 년간 사업을 발전시켜 왔다. 도저히 무리라고 포기했던 일들, 예를 들어 너무 두껍거나 얇고 너무 무겁거나 가볍고 떨어져버리거나 떼어내지 못하는 등의 상식을 지금도 과감히 무너뜨리고 있

다. 액정 디스플레이 화면에도 그들이 개발한 필름이 이용되고 있으며, 그 덕분에 우리는 깨끗한 화면을 즐길 수 있다.

버블젯프린터로 시장점유율 1위를 고수하고 있는 캐논에 엡손이 과감하게 새로운 방식의 버블젯프린터를 개발, 시장에 내놓았다. 잉크를 뿌리는 노즐 부분의 가공이나 제어 기술로 특허까지 얻은 캐논이므로 업계의 승부는 이미 났다는 일반의 상식을 뒤엎고, 엡손은 무리라고 여겨지던 초미세 가공 기술의 수준을 한 단계 끌어올림으로써 장벽을 정면 돌파했다.

이 두 경우는 상식적으로 전혀 실현될 것 같지 않은 Alternative를 철저하게 의심하고 분석하여 문제점을 포착, 그에 모든 에너지를 집중 투입해 마침내 성공을 거둔 사례다.

이처럼 의심하는 행위는 단순히 부정을 하기 위해서가 아니라 의심함으로써 창조의 포인트를 포착해낼 수도 있는 것이다. 그러므로 Alternative를 구상할 때는 긍정과 부정 두 측면으로 나누어 생각하는 것이 효과적이다.

Alternative를 빠르게 내놓는 비결

Trigger를 재빨리 감지하고 Situation 장악에서도 선수를 쳤으며 Objective 설정도 완료되었다. 그런데 막상 좋은 Alternative가 떠오르지 않으면 지금까지의 노력은 물거품이 된다.

007 시리즈 등의 스파이 영화가 여전히 인기를 누리는 이유를 생각해보자. 영화에서는 주인공이 절대로 빠져 나올 수 없는 적진으로 뛰어들어 붙잡히고 갇히지만 도저히 불가능해 보이는 철벽의 적진을 탈출하는 기상천외한 방법과 주인공의 순간적인 판단 능력에 사람들은 감탄하며 속편이 나올 때마다 영화관을 찾는다.

'임기응변이나 기지를 발휘한다.'는 말이 있는데, 그렇게 되려면 시간에 따라 Alternative를 바꾸는 속도 역시 빠르지 않으면 안 되므로 자기가 생각하는 한 개의 안에 집착해서는 안 된다.

임기응변이라는 말은 원래 불교의 가르침에서 나온 것으로, '가르치는 교의는 똑같지만 때와 장소에 따라서 표현을 바꾸라.'는 의미다. 바로 여기에 힌트가 있다.

의사결정에서는 Objective가 이 교의에 해당하므로 변해서는 안 되는 것이지만, Objective에 합치한다면 때와 장소에 따라서 얼마든지 방법을 바꾸어도 좋다는 이야기다.

≫ 의사결정 스피드가 느린 사람과 빠른 사람

Alternative를 구상하는 속도가 느린 사람은 떠오른 안 하나하나에 대해 장점과 단점을 검토하고 그것이 좋은 안이 아님을 판단한 다음에 비로소 다른 안을 구상하는 식의 과정을 밟는다. 당연히 좋은 안에 도달하는 속도가 느리고 성공 확률은 낮아진다.

반대로 의사결정 스피드가 빠른 사람은 검토는 나중으로 미루고 먼저 연속적으로 Alternative를 떠올린다. 여하튼 현 상태에서 생각할 수 있는 Alternative를 모조리 강구한다. 그러나 여러 Alternative를 구상한 뒤 그중에서 괜찮은 Alternative 두세 개를 선택해 비교 평가하는 쪽이 최선안에 훨씬 빨리 이를 수 있다.

성격상 이런 확산적 사고를 하지 못하는 사람도 있는데, 그럴 경우에는 다른 사람들에게 Alternative를 제공받는 등 타인의 힘을 이용하는 것도 중요하다.

≫ 관계자들에게 착안하라

임기응변이라는 말처럼 시기가 급격하게 변화할 때는 의사결정에 더더욱 스피드가 요구된다. 어디에 변화의 징조가 나타났는지, 자사에는 어떤 영향을 미칠지를 매 순간마다 정확히 판단할 필요가 있기 때문이다.

시시각각 변화하는 기회가 회사에 어떤 영향을 미칠지 파악하고 그에 충분히 대응할 만한 목적을 설정한 뒤 누가 이 목적 달성에 관계하는지, 각각의 인물에게 어떤 대응안이 있는지 상정해본다.

〈도표 3〉을 보면 Alternative란 결국 목적 달성과 관련된 사람에게로 접근하는 길임을 알 수 있다. 즉 영향을 받는 사람, 관계하는 사람이 만족해하는 방향으로 생각한다면 Alternative를 빨리 찾을 수 있다. 특히 고객에게 착안한다면 Alternative 결정에 많은 도움을 받을 것이다.

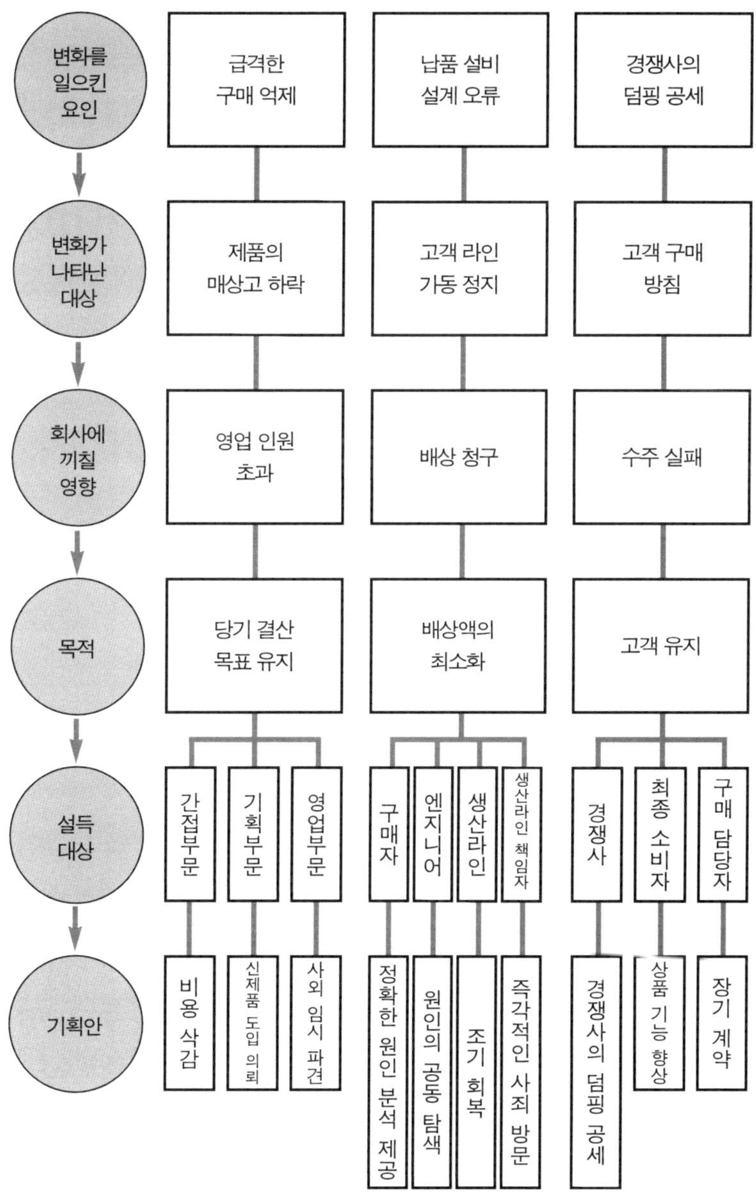

〈도표 3〉 관계자들에게 착안한 기획안

Criteria & Choice :
선택 기준을 결정하고 최선책을 선택하라

선택 기준의 항목은 상황에 맞춰 유연하게 변화되어야 하며, 이것이 고정돼버리면 상황과 부조화가 발생한다.

Criteria & Choice란 무엇인가

몇 개의 Alternative가 등장한 단계에서 해야 할 작업은 이들을 비교 평가하는 일이다. 어떤 안이든 장단점이 있으므로 평가 작업을 할 때는 공통의 척도, 기준이 있어야 한다. 비교 검토하기 위한 이 공통의 잣대를 만들어두지 않으면 결국 일장일단의 논의에 휩쓸려 선택을 하기 어려워진다. 이 공통의 선택의 척도를 Criteria(선택 기준)라고 한다.

예를 들어 신입사원을 뽑을 때, 즉 인재를 선택할 때는 지원한 사람들이 Alternative가 된다. 한 사람 한 사람을 개별적으로 판단하면 면접관에 따라 의견이 제각기 다를 것이므로 지원자의 일장일단에 대한 토론으로 빠지기 쉬우면서 Objective를 잊은 선택이 될 위험성이 높아지고 논의 시간도 길어진다.

채용의 선택 기준은 기업이 처한 환경에 따라 달라질 것이다. 때로는 사려 깊은지가 선택 기준이 되기도 하며, 때로는 행동파인지가 선택 기준이 되기도 한다. 이때 Objective를 상실한 선택을 하게 되면 부조화가 발생한다. 또 객관적인 선택 기준이 없으면 면접관의 단순한 취향에 따라 인재를 채용할 가능성도 높다.

따라서 Alternative를 선택할 때는 Situation과 Objective를 반영한 선택 기준, 즉 선택 기준의 설정이 필요한데 먼저 후보안을 채용하는 경우에 얻고 싶은 성과와 제약 조건을 구체적으로 나열한다.

신입사원을 채용하는 경우에는 '사내 정보 시스템화 촉진에 능력을 발휘할 것이다.', '기초기술 분야의 연구 촉진에 기대를 걸 수 있을 듯하다.', '밝고 적극적인 분위기 형성에 통솔력을 발휘할 것 같다.'는 식의 구체적인 표현이 된다.

여기에서 주의할 점은 단순히 학력, 경험, 성격 등을 기준으로 삼지 말고 그를 채용했을 때 얻게 되는 구체적으로 어떤 성과가 있는지를 기술해나가야 한다. 이렇게 문장으로 표현해놓으면 기대 결과가 Situation과 Objective에 적합한지 아닌지를 검증하기 쉬워진다.

≫ 신속하게 선택하는 방법

선택 기준으로 설정한 척도로 Alternative를 비교하고 Objective에 가장 적합한 안을 선택하는 행위를 Choice(최선책의 선택)라고 한다.

먼저 Criteria에 근거해 각 Alternative가 지니는 장단점을 비교하자. Criteria를 복수 검토하는 경우도 있을 텐데, 이때는 Situation이나 Objective에 따라서 어떤 선택 기준이 중요한지 미리 등급을 매겨둘 필요가 있다. 평가 방법은 10점 만점, 5점 만점 혹은 '◎ ○ △ ×' 식으로 경우에 따라서 등급을 매긴다.

이때 Objective에 합치하는 일에 높은 점수를 매기고, 비중 높은 선택 기준에 일치하는 것을 선택해나간다. 그리고 다른 Criteria를 충족해도 가장 중요한 Criteria에 약점이 있다면 평가는 낮아지도록 구성해야 한다.

실제로 평가해보면 Criteria에 따라서 좋은 안이기도 했다가 최악의 안이 되기도 하는 등 단점과 장점이 혼재하는 Alternative가 많다는 사실을 깨달을 것이다.

'단기적으로는 좋은 안이지만, 장기적으로는 잘 풀리지 않을 것이다.', '고객에게는 좋지만 회사에는 불리하다.', '기능은 뛰어나지만 비용이 많이 든다.', '시간은 단축할 수 있지만 품질이 떨어진다.' 는 식으로 어떤 Alternative를 선택하든 보통 100점 만점은 좀처럼 얻기 힘들다. 따라서 지금부터가 중요하다.

대부분의 사람들은 각 평가 항목에 대해 평균 80점 이상을 얻은 Alternative가 없을 때는 아예 포기해버리는데, 설사 비중 높은 선택 기준으로 가장 높은 점수를 얻은 안이 있어도 채용하지 않는 경우가 많다. 비중 높은 항목을 만족시키고 있으므로 일부 약점이 드러나도 충분히 보완할 수 있다는, 융통성을 발휘하는 사고방식에는 익숙지 않다. 물건을 만들 때도 이런 성향이 두드러지는데, 최신 기능을 모두 갖추었는데도 경쟁사에 지면 안 된다는 강박관념으로 쓸데없는 기능까지 덧붙이는 중장비형 전자제품을 만드는 경향이 강하다.

서양인들과 함께 Alternative 평가를 하다 보면 이런 차이점이 바로 드러나는데, 그들은 선택 기준을 설정한 이상 그것으로 단순 비교하며 그 선택 기준에 의해 최고 점수를 얻은 안을 선택한다. 그리고 마이너스 면에 대해서는 두 눈 감고 선택한 안으로 실행해나가는, 좋은 의미에서 포기를 잘한다.

즉 '실천한 뒤 좋지 않으면 다른 선택지로 바꾸면 된다.', '이런저런 고민을 하며 시간을 허비하느니 빠른 실천이 낫다.'고 생각하는 것이다.

선택 기준이 없는 결정은 대부분 실패한다

어떤 회사나 조직이든 누가 결정했는지, 무엇을 기준으로 정했는지 도무지 정체를 알 수 없는 불가사의한 의사결정의 유물이 남아 있을 것이다. 그 전형적인 예가 정례 회의다.

모 회사에 제품 개발 회의라는 것이 있다. 대체 무엇을 위한 회의인지 알 수 없다며 참가자 대부분이 불평불만을 늘어놓는다. 이 회사는 최근 수년간 신제품 개발이 잘 이뤄지지 않고 있으므로 당연히 이 회의를 통해 갑론을박의 토론이 이루어지리라 생각했는데, 실상 회의에서는 각 부문의 보고만 있을 뿐 본질적인 토론은 전혀 이루어지지 않았다.

신제품 개발이 제대로 이루어지지 않으니 뭔가 촉구하고 자극해야겠다는 심정으로 이 회의가 만들어졌겠지만 어떤 선택 기준으로 결정했는지, 선택 기준의 전제인 Objective가 무엇인지 알 수가 없다. 회의의 Objective에 관한 단 한 줄의 문장조차 있지 않으므로 평가 과정이 명확하지 않으며, Criteria가 모호하므로 회의를 계속 열어야 하는지에 대한 타당성조차 평가할 수 없는 것이다.

모 자동차 회사 역시 종래의 판매망을 당시 시장점유율 1위인 경쟁사와 똑같은 점포 수로 확대한 적이 있다. 목적은 국내 시장점유율을 2위로 끌어올리는 것이었는데, 이 목적과 판매망의 극단적인 확대라는 안이 어떻게 연결되었는지 애매모호한 부분이 많았다.

시장점유율을 높이기 위해서는 판매망의 확대라는 안 외에도 신상품 투입이나 가격 할인 등 다른 Alternative를 얼마든지 생각할 수 있기 때문이다.

결국 판매망 확대로 인한 부담을 견디지 못한 회사는 심각한 타격을 입고 이 노선을 포기했다. 차종도 충분히 갖추지 못한 상태에서 어떻게 판매망 확대라는 Alternative가 채택되었는지에 대해서는 끝까지 밝혀내지 못했다.

≫ Criteria의 누락을 예방하라

물론 기업이 늘 엉터리 결정을 내리는 것은 아니지만 때로는 권력자의 즉흥적인 제안에 다들 예스맨이 되어 터무니없는 선택을 한 결과 조직에 심각한 손실을 초래하기도 한다.

이런 리스크를 예방하기 위해서는 Criteria에 의한 평가를 조직의 습관이나 규칙으로 정해두는 것도 한 방법이다. 또한 이는 실패할 경우 반성 포인트를 명확하게 하는 장점도 있다.

'저 사람은 일은 잘하는데 아쉽게도 가끔 큰 실수를 저지른다.' 라고 평기받는 사람이 주위에 많을 것이다. 이런 평가가 내려지는 이유는 안을 결정하거나 선택할 때 Criteria에 뭔가 심각한 누락이 있거나 매번 실패해도 그 원인을 분석하지 않고, 그리고 이를 이후의 Criteria로 삼지도 않기 때문이다.

'물건은 잘 만드는데 속도가 느리다.' 라고 평가받는 사람들을 보면, 일하는 방법을 선택할 때 Criteria 항목 중에 시간이라는 요소를 경시하는 경향이 있다. 또 늘 고객의 요구대로 설계해 비용 면으로 곤경에 처하는 사람들은 Criteria 중에 비용이라는 항목을 아예 누락시키거나 낮은 점수를 매기고 있을 것이다.

이런 사람들의 특징은 매번 질책당해도 재차 똑같은 선택 기준으로 안을 평가하기 때문에 같은 실수를 반복한다. 누구든지 잘 잊어버리는 분야가 있고, 늘 같은 부문을 빠뜨리는 경향이 있다. 그러므로 이런 자신의 성향을 잘 파악해 의식적으로 노력을 기울이지 않는다면 판단력을 강화할 수 없다.

그동안 연구해본 결과, 사람들은 대개 타인에게 약한 사람, 돈에 약한 사람, 물건에 약한 사람, 시간에 약한 사람 등 네 가지 타입으로 나뉜다. 타인에게 약한 경우도 세분하면 고객, 부하, 상사, 동료

등 특정 인물에 약한 경향을 띠어서 중요한 순간 이를 누락시킴으로써 Criteria로 삼지 못한다.

타인에게 약한 이유로는 원래 타인에 대한 관심이 적은 경우가 있는가 하면, 관심은 높은데 친한 사이이니 이해할 것이라고 지레짐작해버리는 경우 등 다양하다. 돈에 약한 사람 역시 자신의 돈이나 회사 돈, 받을 돈, 지불할 돈 등 약한 부분이 제각기 다르다. 물건도 기술이나 상품의 영역에 따라 어느 특정 부분에 약한 경우가 많다.

이처럼 자신의 약점을 미리 파악해두면 선택 기준을 정할 때 그 항목을 점검하게 되고, 실패했을 경우에도 그 Criteria가 적절했는지 여부를 반성할 자료가 된다.

누군가 당신에게 '아무래도 이 부분이 약하네.'라고 주의를 준다면 솔직하게 그 항목을 판단의 Criteria로 삼기 바란다. 부하를 관리·감독할 때도 부하의 약점이 되는 Criteria를 점검한다면 의사결정 능력이 훨씬 향상될 것이다.

Criteria 설정 능력을 키우는 방법

대부분의 사람은 의사결정을 내릴 때 Criteria보다 Alternative에 더 흥미를 가지는 경향이 있다.

예를 들어 연휴 기간 중에 해외여행을 떠난다고 하자. 호주나 이

탈리아 등 상상만 해도 마음이 설레는 곳이 머릿속을 가득 채우지만 Criteria가 무엇인지는 좀처럼 떠오르지 않는다. '여행 기간을 7일 이내로 할까?', '20만 엔으로 갈 수 있을까?', '영어가 통하는 곳일까?' 등등 Criteria를 떠올리면 왠지 즐거움이 반감해버린다.

Criteria는 Situation이나 Objective를 반영하고 있으므로 이 Criteria를 하나하나 점검함으로써 계획은 차츰 현실성을 띠게 되며 현실의 각박함까지 알려주지만 현실은 현실이므로 받아들이지 않으면 안 된다.

Criteria 설정 능력은 실패를 거듭함으로써 향상된다. 평소에 의식적으로 Criteria에 근거해서 행동하고, 실패했을 때도 어떤 선택 기준이 원인이었는지 분석하고 반성해 다음 기회에 그 부분을 보강하는 식으로 피드백해나간다.

스스로 늘 누락시키기 쉬운 부분, 혹은 설정하기 어려운 Criteria가 무엇인지 파악해두는 습관이 Criteria 설정 능력을 높이는 지름길이다.

≫ 늘 의식적으로 Criteria를 재검토한다

평소 Criteria에 주의를 기울이다 보면 자신이 얼마나 비논리적으로 사물을 바라보고 Alternative를 선택하는지 반성할 수 있다. 논리적인 이유보다도 감성적인 습관으로, 혹은 타인에게 지고 싶지 않다는 충동으로 행동하거나 자신의 성격적인 특징으로 움직이고 있음을 깨달을 것이다.

예를 들어 신제품의 디자인이나 기능을 선택할 때 확실한 Criteria

없이 자신의 기호 및 취향으로 좋고 나쁨을 가리는 경우가 의외로 많다. 비즈니스맨들의 경우 이러한 Criteria 누락은 반드시 심각한 손실로 이어진다.

나는 신상품의 개발 프로젝트를 컨설팅할 기회가 많은데 기술 개발이나 상품 구성에 참여한 담당자들에게 Criteria가 무엇인지에 대해 질문하면, "당신은 지금 이 프로젝트를 무산시키는 것이 목적이냐?"라며 험한 인상을 짓기도 한다. "아니요, 성공시키기 위해서 질문을 하는 겁니다."라고 답해도 컨설팅 상대는 제발 부탁이니 조용히 두고 보라는 식이다. 이들에게는 신상품이란 시장에 나와 봐야 제대로 된 평가를 받을 수 있다는 생각이 뿌리 깊게 박혀 있으며, 당연히 Criteria 따위는 거의 관심이 없으므로 자신의 감성이나 기호로 상품을 개발하는 과정을 반복하면서 결국 실패를 계속하게 된다.

이런 경우에 공통적으로 보이는 결함은 고객이라는 선택 항목이 누락되거나, 아주 경시되고 있다는 점이다. 고객의 관심사가 전혀 반영되지 않는다는 말이다. 회사 내부의 사정이나 자신의 흥미 등이 반영되어 있을 뿐 외부 상황에 근거한 Criteria가 결여되어 있는 것이다. 즉, 우리 회사의 기술력은 대단히 높으며 이 기술로 지금껏 성공을 거두어왔다는 자부심이 회사 체질을 내부 지향적으로 만들면서 결과적으로 고객 지향성이 약화되는 기업이 적지 않다.

고도 경제성장기의 유물인 이런 사고를 아직도 고수하는 사람들은 오늘날의 급격한 변화를 연구하거나 체험하지 못한 탓에 그것이 비즈니스에 얼마나 심각한 장애물로 작용하는지 깨닫지 못한다. 비즈니스 세계의 최전방에서 싸우고 있는 사람들에게는 견디기 어려운 부분이다.

실패를 활용할 것, 고객과 사회 그리고 경쟁이라는 관점에서 선택 기준을 채택할 것, 그리고 그것을 항상 재검토할 것 — 이 요소만 유의한다면 Criteria를 제대로 설정할 수 있을 것이다.

Criteria는 의사결정의 스피드 향상에 불가결한 요소

환경산업 분야에 뒤늦게 뛰어든 J사는 후발업체라는 약점을 만회하기 위해서 대책을 강구한 결과, 성능이 아주 뛰어난 소각로 기술을 보유한 유럽의 모 기업이 일본 진출을 노리고 있다는 정보를 입수했다(→Trigger).

더할 나위 없는 기회로 생각한 J사는 사업을 제휴하기 위해 정보를 수집하다가 이미 이 기업이 일본의 한 업체와 기술 제휴 교섭을 추진하고 있으며 조만간 결말이 날 것 같다는 사실을 파악했다. 물론 자세한 교섭 내용은 알 수 없었다(→Situation).

J사는 이 기회를 놓치면 환경산업 분야에 당분간 참여할 수 없을 것이라고 판단, 그 기업이 보유한 기술을 어떻게든 손에 넣겠다는 목적을 설정했다(→Objective).

경쟁사와의 교섭이 이미 최종 단계에 접어들었으므로 평범한 방법으로는 절대로 성공할 수 없다고 상황을 파악했다(→Situation).

교섭의 실행안으로는 기술 제휴, 합병, 판매 제휴 등이 있을 수 있는데 미래를 전혀 예측할 수 없다(→ Alternative).

J사의 사장은 사내 최고의 교섭 능력을 가진 K를 곧바로 유럽 본사로 파견하면서 그에게 Alternative에 대한 권한을 모두 위임했다. 다만, Alternative를 선택할 때의 Criteria만은 사장이 제시했다. 투자 상한, 간부 인사의 배분, 로열티 상한, 계약 기간과 해제 조건(→ Criteria), 이것만 충족시키면 어떤 Alternative든 K의 판단으로 현지에서 결정 내려도 좋다고 지시했다.

즉시 유럽 본사로 날아간 K는 사장과의 면담 약속을 받아내고 경쟁사와의 옵션 계약을 파기시킨 다음 멋지게 합병 계약을 맺었다. 경쟁사는 종합상사를 중개로 한 간접 교섭이라 의사결정 과정이 느릴 수밖에 없었다. 하지만 유럽 회사의 사장은 이 일본 기업의 Criteria가 뭔지는 몰라도 교섭이 좀처럼 진행되지 않는 데에 슬슬 짜증이 나기 시작해 제휴 자체를 재검토하려는 중이었으므로 이 시기에 적극 공세를 펼친 J사는 상황을 간단히 역전시킬 수 있었다.

이처럼 신속한 의사결정이 요구되는 상황에서는 Criteria를 명확히 하고, 이를 중심으로 교섭이나 판단을 추진해야 한다.

≫ Criteria와 정책의 차이

자신의 선택 기준이 늘 분명하다면 Situation이 불투명하더라도 판단을 즉각 내릴 수 있으며, 판단을 잘못한 경우에도 피해를 최소한으로 줄일 수 있다.

예를 들어 환율이 널뛰기하듯 불안정할 때 재무담당 부서는 밤잠을 설칠 만큼 신경이 곤두선다. 가장 안전한 대책으로 은행에 예치하면 되지만, 현재의 일본 은행 이율은 실질적으로 마이너스를 기록하고 있으며 미국 달러는 언제 하락할지 모른다. 다른 회사도 모두 하므로 우리도 하자는 식으로 디리버티브(Derivative)* 투자를 했다가 심각한 타격을 입고 다시는 남을 흉내 내지 않겠다고 다짐한다.

뛰어난 펀드매니저에게 대처 방법을 물어본 결과, 반드시 자기만의 투자 선택 기준을 세우고 결단을 재빨리 내릴 것을 주문했다. 위험하지만 이익도 큰 하이 리스크 – 하이 리턴(High Risk-High Return) 분야에 20%, 미들 리스크 – 미들 리턴(Middle Risk-High Return)에 50%, 로우 리스크 – 로우 리턴(Low Risk-High Return)에 30% 식의 투자 배분을 미리 결정하는 식이다.

매니지먼트 분야의 우수한 경영자나 관리자 중에는 자기만의 Criteria를 마련하기 위해 남모르는 노력을 기울이며 그 성패를 통해 자신의 꿈을 실현하고자 하는 사람이 많다. 마쓰시타 전기 창업자인 마쓰시타 고노스케(松下幸之助)는 불황이야말로 절호의 비즈니스 기회라는 역발상으로 Criteria를 설정하고 투자함으로써 성공을 거둔 인물이다. 그리고 '다른 회사는 절대로 흉내 내지 않는다.'는 것이 소니의 선택 기준이다. 또 자신이 '어떻게 행동할 것인가에 대한 행동 계획이 서 있지 않는 회의 테마는 일체 인정하지 않는다.'는 것

---

* 금융파생상품(Financial Derivatives)을 의미한다. 주식, 금리, 환율 등의 현물 금융상품의 리스크를 조절하기 위해 현물 금융상품을 기본으로 해서 파생된 금융상품으로 선도거래, 선물거래, 옵션거래, 스왑거래 등의 형태가 있다.

도 Criteria 가운데 하나다.

이러한 Criteria를 '나의 정책'이라는 용어로 표현하는 사람도 있다. 의사결정을 내릴 때 반드시 이용하는 기준이라는 뜻이리라. 사실 정책(Policy)이라는 단어는, 정확하게는 변하지 않는 신념이나 신조 등의 상위 개념에 더 적합한 용어가 아닌가 생각한다.

하지만 Criteria 항목은 상황에 맞춰 유연하게 변화되어야 하며, 이것이 고정돼버리면 상황과 부조화가 발생한다. 오늘날과 같은 초고속 시대에는 어제의 Criteria 항목이 내일에는 사용할 수 없는 경우도 흔하다. 현재의 비즈니스 전쟁은 'Criteria 전쟁'이라고 해도 좋을 만큼 Criteria가 의사결정의 스피드 향상에 핵심적인 요소가 되고 있다.

Risk Management :
리스크를 예측하고 대책을 마련하라

뛰어난 경영자나 관리자는 회사나 조직이 사라져버리는 최악의 상태가 오지 않는 한 실패라는 리스크를 두려워하지 않고 어떤 일이든 도전하는 자세로 사업을 펼친다. 홈런을 치기 위해서는 삼진 아웃도 각오한다는 말이다.

Risk Management란 무엇인가

Alternative를 진행하기 전에는 반드시 Alternative가 지니는 리스크를 검토해야 한다.

리스크란 무엇인가? 앞의 다섯 단계를 거쳐 채용한 Alternative는 Objective를 달성해 기대한 만큼의 성과를 얻는 것이 목적이므로 이 Objective의 달성을 방해하는 요소가 곧 리스크다.

'이런 일이 일어나면 목적 달성에 좋지 않은 결과를 가져온다.'

이처럼 원인과 결과는 밀접히 연관돼 있으므로 이 둘을 포함하여 리스크라고 표현하는데, 리스크가 무엇인가라는 질문에 간혹 원인만을 파악하거나 반대로 결과만을 제시하는 사람이 많다. 예를 들어 리스크로 경기 악화, 개발 지연 등의 원인만을 파악하거나 매상 하락이나 품질 악화 등의 결과만을 제시하는 경우, 이 같은 인과관계를 무시한 분석으로는 리스크를 제대로 상정할 수 없다.

리스크를 관리한다는 말은 원인과 결과에 모든 조치를 준비하고, 적절한 시기에 준비한 조치를 행동으로 옮기는 것이며, 나쁜 결과가 목적 달성을 방해하지 않도록 대처하는 것이다.

리스크가 발생하는 원인은 자기 책임으로 조절할 수 있는 것과 외부 환경이나 경쟁 등 스스로는 어떻게 할 수 없는 것이 있으며, 결과 역시 상태가 악화되는 것을 최소화할 수 있는 종류와 전혀 손쓸 수 없는 것이 있다. 원인이 일어나지 않도록 손쓸 것, 이미 일어났다면 노력해 피해를 최대한 줄일 것, 그리고 최악의 상황에서 차기의 만회책을 준비해 실행하는 것이 위기관리임을 명심하기 바란다.

≫ Risk Management에 약한 일본인과 일본 기업

일본인이나 일본 기업, 그리고 일본이라는 나라 자체가 Risk Management에 약하다는 말을 자주 듣는다. 2005년 말 〈이코노미스트〉에 '일본 기업 및 산업이 향후 어떻게 변화할 것인가.'라는 논문이 게재되었는데, 일본의 Risk Management 능력을 통렬히 비판한 다음과 같은 대목이 있다.

"일본은 로봇 기술 이외의 첨단기술 분야에서는 이미 다른 나라에

선두를 빼앗겼는데도, 일본 산업계의 리더들은 아직 이런 사실조차 깨닫지 못하고 있다. 아시아 주변국이 봐도 일본은 그야말로 매력 없는 나라가 돼버렸다. 위기의식도 없고 창조성도 없는 일본의 경영자들에게 미래는 없다."

이 기사를 경영자들에게 보여주면 한결같이 그렇게 비관할 만한 내용은 아니지 않느냐는 반론이 되돌아오는데, 마치 에도 막부 말기의 도쿠가와 정부*를 연상케 한다.

일본인은 지리적인 여건 때문에 기나긴 역사 속에서 타민족과의 일상적인 접촉이나 분쟁이 적었으며, 실패했을 때도 같은 민족이므로 서로 보완하고 감싸는 비교적 안전한 환경 속에서 삶을 영위해왔다. 목숨까지는 빼앗기지 않으리라는 안도감 속에서 삶을 영위해왔으므로 리스크에 둔감한 것이 사실이다. 이 때문에 Risk Management에 대한 대응도 아주 조잡하다.

반면 서구인들은 상대방의 손실이 곧 자신의 이익, 자신의 손실은 곧 상대방의 이익이라는 냉혹한 환경에서 치열한 생존경쟁을 벌여왔기 때문에 기본적으로 리스크 중심으로 행동한다고 해도 과언이

✱ 도쿠가와 이에야스(德川家康)가 1603년 지금의 도쿄, 즉 에도에 세운 무신정권을 말한다. 일본 역사상 세 번째이자 마지막 막부로 1867년 제15대 장군 도쿠가와 요시노부(德川慶喜)가 다이쇼(大正) 봉환이라 칭하며 정권을 반납하면서 막을 내렸다. 이 264년간의 시대를 에도 시대, 혹은 도쿠가와 시대라고 한다. 일본은 쇄국정책을 고수하다 1853년 미국 페리 제독의 문호 개방 요구에 미·일 화친조약을 체결하고 문호를 개방했는데, 이를 계기로 막부 타도 운동이 치열해지고 결국 1868년 메이지유신(明治維新)이 일어나면서 막부의 시대가 끝났다.

아니다. 즉, 그들은 일을 시작할 때 제일 먼저 '리스크는 없는가'를 점검하는 습관이 몸에 배어 있다.

≫ 세계는 리스크로 가득 차 있다

전자(電子)의 세계에 플러스와 마이너스가 있듯, 새로운 성과를 얻기 위해 기회에 도전하는 의사결정의 이면에도 반드시 리스크가 존재한다. 보통 장점이 많으면 많을수록 리스크 역시 그에 비례해 높아진다. 복권 당첨으로 수억 엔을 거머쥔 사람들을 추적한 기사가 잡지에 실린 적이 있는데, 주부들은 이혼하는 사례가 압도적으로 많았고, 남편들은 도박에 쉽게 빠졌다. 꿈을 이뤄주는 복권 역시 강력한 리스크가 도사리고 있는 셈이다.

꿈을 그리다 보면 왠지 적극적으로, 낙관적으로 세상을 바라보게 된다. 플러스 사고가 인간의 지혜나 행동을 활성화하고, 낙천적이며 명랑한 사람은 일할 때나 일상생활에서 주위 사람들을 낙관적으로 행동하도록 이끈다. 이러한 플러스 에너지가 없었다면 인류는 진보하지 못했을 것이다. 여기서 리스크에 대한 이야기를 하면 왠지 소극적이고 비관적인 에너지가 연상되는 것도 사실이다. 그러나 리스크는 모든 Alternative에 혹처럼 단단히 들러붙어 있는 그 무엇이다. 숨을 들이쉬면 우리 몸속에 필요한 산소가 들어오지만 계속 들이쉴 수만은 없다. 호흡에서는 사용한 폐기물을 버리는, 즉 내쉬는 동작이 반드시 필요하다. 내쉬지 않으면 들이쉴 수 없다. Alternative도 마찬가지로 다양한 리스크를 해결해나가지 않으면 Alternative는 예정대로 진행되지 않는다.

극단적으로 표현하면 Alternative를 추진하는 행위는 대부분 리스크를 해결해나가는 활동이라고도 말할 수 있다.

≫ 상정할 수 있는 모든 리스크를 제거하라

리스크에는 예상하기 어려운 리스크와 최대한 주의를 기울이면 예측 가능한 리스크가 있다. 후자로 인해 실패하면 억울하기도 하지만 열심히 노력하고 있는 주위 사람들에 대한 피해도 커진다.

고교 야구나 프로 야구를 막론하고 야구경기에서는 실수로 인해 패하는 시합이 높은 비율로 발생하는데, 하위 팀일수록 이 같은 이유로 지는 경기가 많다. 예를 들어 사인을 제대로 읽지 못하거나 투구를 성급하게 하고 베이스를 밟지 않는 등 이른바 어처구니없는 실수를 거듭하다가 모처럼 잘 던지고 있는 투수의 노력까지 물거품으로 만들어버리는 경우다. 이렇게 실수라고 볼 수 있는 리스크는 어느 정도 예측할 수 있다.

주의를 기울이면 예방할 수 있는 리스크를 100% 제거할 수 있는 사람은 주위로부터도 절대적인 신뢰를 얻을 것이다. 축구에서도 수비수가 자신의 소임을 충실히 수행하며 상대방의 공격을 방어해줌으로써 공격수가 안심하고 경기를 펼칠 수 있다.

예측할 수 있는 리스크를 물샐틈없이 100% 파악하기 위해서는 선택한 Alternative를 가능한 한 상세하게 실행 계획으로 구성하는 것이 필요하다. '만일 여기서 리스크가 발생한다면 무엇이 문제가 될 것인가?', '어떤 원인으로 그런 일이 발생할까?' 식으로 실행 계획을 세부적으로 나누어 질문을 하나하나 던지면서 확인하는 것이

다. 이런 작은 노력들이 쌓이다 보면 리스크 감각이 스스로도 놀랄
만큼 키워지면서 자신의 체질로 자리 잡는다.

주인의식으로 리스크를 구체화하라

명승부는 서로가 물샐틈없는 완벽한 체제로 대치한 상태에서 보
이지 않는 리스크를 읽어냈을 때 펼쳐진다.

최근의 스모 경기에서는 실력이 막상막하인 요코즈나 계급 선수
들이 맞붙어 꼼짝도 않고 버티는 명승부를 보기 힘들다. 선수들 성
격이 솔직 담백해졌기 때문인지 리스크 같은 것은 생각지도 않는 시
합이 늘어나면서 스모에 대한 인기도 시들해졌지만, 예전에는 먼저
움직이는 리스크를 피하기 위해 끝까지 버티다가 결국 심판이 휴식
명령을 내려 승부를 가늠하는 명승부가 많았다. 움직여도 리스크,
움직이지 않아도 리스크, 모래판 위에서는 보이지 않는 리스크를 파
악하는 재미 즉 상대방의 심리를 읽어내는 재미가 있었다.

비즈니스 세계에서도 이 보이지 않는 리스크를 어떻게 읽어낼 것
인지가 묘미라고 할 수 있다. 비즈니스 세계에서는 보이지 않는 리
스크를 크게 두 가지로 나눠볼 수 있다. 하나는 자연현상이나 물리
적 현상으로 인한 천재지변 및 재해를 들 수 있으며, 또 하나는 사회
와 경쟁 및 고객 등의 미지의 움직임에 의해서 일어나는 타격이다.

전자는 2004년 인도네시아에서 발생한 지진해일(쓰나미)처럼 시기와 정도를 특정하기 어렵다는 데 문제가 있으며, 일단 발생하면 예방할 방법이 없다는 점을 전제로 대책을 강구하는 수밖에 없다. 또한 후자처럼 사람으로 인해 일어나는 리스크는 상당히 근접한 부분까지 읽어낼 수가 있는데, 문제를 일으킨 사람의 처지에서 Situation을 분석하면 예측할 수 있는 부분이 커지기 때문이다. 내가 상대방의 처지라면 어떤 수를 쓸지 철저하게 분석하는 것이다.

전쟁이라면 첩보 활동과 상대를 혼란에 빠뜨리는 교란전술을 이용할 수 있다. 비즈니스 세계에서도 최근에는 주식 매점, 비즈니스 모델 특허 분쟁 등 저렇게까지 할 필요가 있을까 싶을 만큼 과격한 움직임이 일상적으로 벌어지고 있다.

그렇다면 인간에 의해 일어나는 보이지 않는 리스크는 어떻게 하면 빨리 알아차릴 수 있을까? 답은, 앞에서 언급한 것처럼 눈에 보이는 리스크를 최대한 세분화해 그에 대한 대책을 준비한 뒤 '보이지 않는 리스크는 없는지, 누군가 예상 밖의 행동을 하고 있지 않은지, 만약 그렇다면 누가 어떤 행동을 할까?' 등을 자문하는 것이다.

다음 단계는 심각한 영향을 미칠 듯한 리스크에 대해서 반드시 해당 인물이나 조직에 최대한 가까이 접근해 실제 동향을 탐색한다. 이런 일련의 작업을 반복하다 보면 리스크에 대한 감각이 현격히 향상될 것이다.

최근 유행하는 사내 교육 프로그램 가운데 기업에 불상사가 발생했을 경우를 대비한 '기자회견 시뮬레이션 연수'라는 것이 있다. 직원들이 간부나 기자를 맡아서 서로 치열하게 공방을 벌이는데 그 내용은 대개 이런 식이다.

회사 안에 모종의 불상사가 발생했는데, 그 원인은 어렴풋이 파악한 정도이며 기자회견 중에 사태가 조금씩 밝혀진다는 설정이다.

기자들은 의도적으로 대응 자세나 답변 방식, 복장이나 헤어스타일 등 본론과 전혀 상관없는 질문을 퍼붓는데, 이 작전에 휘말려 불안해지면 그것이 회견 내용에까지 영향을 미쳐 결국 기자들이 파놓은 함정에 빠지는 경우가 많다. 당연히 기자들이 유도하는 함정에 빠지지 않도록 훈련하는 것이 이 시뮬레이션의 목적이다.

이처럼 예측하기 어려운 리스크에 대해 실제와 유사한 상황을 만들어 훈련하는 시뮬레이션 연수를 통해서 리스크 대응 감각을 연마할 수도 있다.

리스크 회피가 아니라 리스크에 도전하라

소극적으로 리스크를 회피하려는 행동만 하는 사람은 오히려 더 큰 리스크에 휘말리는 경향이 있다. 현재의 사업이 라이프사이클로 봐 쇠퇴기에 접어들었을 때 조직은 리스크가 높은 미지의 사업에 도전하지 않으면 안 되는 상황에 처한다. 리스크가 두려워 피하기만 하면 결국 그 조직은 존속할 수 없게 될 것이다. 비즈니스 역시 라이프사이클이 있으므로 사업 하나로 영원히 버틸 만큼 세상은 쉽지 않다. 경기가 좋을 때는 안심하고 즐기던 외상도 언젠가는 반드시 갚아야 할 시기가 온다. 편하게 지낸 만큼 심신 모두가 둔해져 있는 탓에 상황이 나빠졌을 때는 마음을 독하게 먹고 체제를 재건하기가 여간 어렵지 않다. 기업 실적이 악화되었을 때 위험이 도사리는 새로운 사업을 시작하느니 전직 등 적진 후퇴를 꾀하는 사람도 있지만 이런 안이한 자세야말로 더 큰 리스크를 초래하기도 한다.

리스크라면 뭔가 막연하고 추상적인 개념이어서 높은 벽처럼 느껴질 때도 있지만, 세분하면 작은 과제들이 모인 것에 불과하다. 이 개별적인 과제들은 대부분 지혜를 짜내면 충분히 극복할 수 있는 것이다. 설사 해결할 수 없는 과제가 있다고 하더라도 전력을 기울여 집중하다 보면 결과적으로 상대방과 대등한 수준까지는 접근할 수 있다. 리스크에 도전하는 기업이나 조직은 그러한 구체적인 체험을 공유, 계승하고 있다.

최악의 시나리오가 빠른 의사결정의 근원이다

의사결정을 할 때 주어진 시간이 적을수록 리스크 판단이 차지하는 중요성은 더욱 높아진다.

모 공장에서는 화재가 발생했을 때 현장에서 최대한 멀리 피난하는 훈련, 즉 연기나 불꽃이 보이지 않는 곳을 향해 무조건 대피하는 조건 반사적 훈련을 정기적으로 한다. 이 공장은 발화성 높은 도료를 사용하고 있기 때문에 화재가 발생하면 무서운 속도로 불길이 번져나가므로 Objective, Alternative, Risk 식으로 단계를 밟아 분석하고 행동할 시간적 여유가 없다. 물론 화재가 발생하지 않도록 대책을 세우지만 만일 화재가 발생했을 때는 즉각 대피할 수 있게끔 훈련하는 위기관리법 외에 달리 생각할 방안이 없는 것이다.

해외여행을 할 때도 현지에서 강도나 소매치기를 당할 리스크가 있다. 위험한 곳에는 가지 않으려고 주의하지만 한낮에 그것도 번화가 한복판에서 갑자기 소매치기단에 둘러싸이기도 한다. 그래서 나는 해외여행을 할 때는 늘 1달러 지폐 50여 장을 주머니에 넣고 다닌다. 그리고 양말 속에는 100달러짜리 지폐를 1장씩 넣어둔다.

멕시코에서 경험한 일인데 번화가에서 불과 몇 발자국 벗어난 골목에서 눈빛이 좋지 않은 젊은이들에게 둘러싸인 적이 있다. 순간적으로 주머니 속의 1달러 지폐를 꺼내 공중에 뿌린 뒤 이들의 철벽이 무너진 틈을 타서 탈출에 성공할 수 있었다. 이탈리아에서는 누군가 여행가방을 들고 가버리는 바람에 양말 속의 지폐가 톡톡히 제 몫을 한 적도 있다. 이런 리스크가 두려워 혼자 산책도 못할 정도라면 여행의 참맛을 즐기기 어렵다.

권투에서도 리스크가 두려워 방어만 하다가는 실컷 얻어맞기만 할 뿐이다. 마작이나 도박 역시 리스크를 회피하려고 안전한 패만 내밀다 보면 결국 지게 되어 있다. 그러나 리스크를 무시하고 공격 일변도로 나가도 패배할 확률이 높다.

이 리스크 장악에 대한 망설임이 의사결정 스피드를 지연시키는 요인 중 큰 부분을 차지한다. 승부를 확실히 읽을 수 없거나 성공 혹은 실패를 전혀 예상할 수 없을 경우에는 일반적으로 시뮬레이션이나 직감을 이용하지만, 가장 중요하면서도 반드시 실행해야 할 작업은 최악의 시나리오를 그리는 것이다. 패전이 확실해졌을 때의 피해 정도, 최악의 경우 얼마나 심각한 피해를 입을 것인가 등을 그려보고 실제로 그런 Situation이 찾아왔을 때, 어떻게 하면 불타버린 황무지에서 재기할 수 있을지 가상 시나리오를 짜는 것이다.

뛰어난 경영자나 관리자에게 발견되는 특징 가운데 하나가 결단력인데, 이는 결정 내릴 수 있는 사람이라는 뜻이다. 결단력 있는 사람은 일이 순조롭게 진행될 때보다 잘 안 풀릴 때를 늘 상정하고 그것이 자신과 조직에 수용 가능한지 아닌지를 홀로 조용히 계산한다. 그리고 최악의 사태를 충분히 수용할 수 있겠다는 판단이 들 때 결정을 내리고 행동할 각오를 다진다.

그들은 회사나 조직이 사라져버리는 최악의 상태가 오지 않는 한, 실패라는 리스크를 두려워하지 않고 어떤 일이든 도전하는 자세로 사업을 펼친다. '홈런을 치기 위해서는 삼진 아웃도 각오한다.'는 말이다.

이 최악의 시나리오 읽기를 지렛대로 삼아 누구보다도 빨리 의사결정을 내리고 스피드로 차별화를 도모하는 것이 중요하다.

지금까지 의사결정의 메커니즘을 소개하면서 각각의 의사결정 요소가 의사결정의 스피드 향상에 어떻게 기여하는지 살펴보았는데, 요점을 정리하면 다음과 같다.

◇ Trigger와 의사결정 속도

Trigger에 주의를 집중시킴으로써 사회적 환경, 고객, 경쟁사가 당신과 조직에 어떤 기회와 위협의 방아쇠를 당기고 있는지 알아차릴 수 있는 감각과 감도가 높아진다. 이런 훈련을 통해 미래에 일어날 수 있는 사태를 누구보다 빨리 파악할 수 있으며, 누구보다 빨리 과제를 인식할 수 있다.

◇ Situation과 의사결정 속도

사회적 환경, 고객, 경쟁의 변화를 막연하게 인식할 것이 아니라 Trigger로 야기된 구체적인 문제나 과제를 초기 단계부터 정확히 인식해나간다면 Situation을 명료하게 파악하고 분석할 수 있다. 의사결정의 스피드 향상에 직접적으로 영향을 미치는 좋은 정보, 질 높은 정보도 입수하기 쉬워진다. 이미 가지고 있는 정보뿐만 아니라 현재 내가 가지고 있지 않은 정보가 무엇인지도 명확해지며, 의사결정 시기에 정확히 맞춘 가설 설정과 검증을 할 수 있다.

◇ Objective와 의사결정 속도

더욱 정확한 Situation 정보는 신뢰할 수 있는 Objective로 이어지므로
Objective의 조기 설정에도 효과적이다. 다른 사람보다 빨리 목적을 설정할
수 있다면 Alternative를 개발하는 데 필요한 시간을 벌 수 있으며, 다음 단
계의 활동 역시 질적으로 향상시킬 수 있다. 그리고 명확한 Objective 수립
은 불필요한 정보 수집이나 검토 작업을 조기에 차단하는 데도 효과적이다.

◇ Alternative와 의사결정 속도

목적을 달성하기 위한 Alternative는 되도록 많이 만든다. 왜냐하면
Alternative를 작성하는 과정 자체가 더욱 좋은 안을 구상하는 촉매제가 되
기 때문이다. 이와 같은 창안 메커니즘은 평소 사로잡히기 쉬운 일안주의
지향에 비해 합의에 이르기 쉬운 양질의 안을 만들 확률이 높기 때문에 중
도에 포기하는 안이 적다는 점에서도 의사결정의 스피드 향상에 비약적인
성과를 가져온다.

◇ Criteria & Choice와 의사결정 속도

Alternative를 선택하기 전에 먼저 Criteria를 설정하는 이유는 Alternative
를 비교 평가할 때 선입관이 작용하는 것을 예방하며, 조직의 이익을 내세
위 벌이기 쉬운 쓸데없는 토론을 피하고 조직 전체를 위한 객관적인 판단을
촉진하므로 의사결정 속도를 높이는 데 기여하기 때문이다. 제약

조건이나 기대 성과를 명확하게 기술한다면 Objective와 결정 사항이 제대로 연결되어 있는지 재확인할 때 유용하게 쓰이며, 목적과 다른 방향으로 의사결정이 이루어지는 불상사를 방지하고 중도 포기, 중도 퇴각에 의한 시간적인 손실도 예방할 수 있다.

◇ Risk Management와 의사결정 속도

의사결정에 따르게 마련인 리스크를 관리할 적절한 수단을 보유하고 있지 않으면, 의사결정 실패로 인한 피해를 두려워해서 결단을 미루거나 회피하는 식으로 의사결정이 지연돼버린다. 리스크 없는 의사결정이란 존재하지 않는다는 사실을 마음에 새기고 리스크에 어떻게 대처할 것인지 냉정하게 준비하는 Risk Management만이 남들보다 먼저 유리한 기회를 획득하는 절대적인 프로세스가 된다.

보이지 않는 리스크를 어떻게 대처하는지가 의사결정 속도를 좌우하고, 경쟁사를 따돌리는 결정적인 요소이므로 결국 보이지 않는 리스크를 효과적으로 대처할 방안을 미리 세우는 것이 가장 중요하다고 할 수 있다.

이처럼 의사결정 메커니즘의 각 요소는 개인의 의사결정 스피드를 향상시키는 것은 물론, 조직의 의사결정 스피드와 생산성 향상에도 결정적인 구실을 한다. 의사결정 메커니즘을 조직의 공통 언어로 채택, 구성원 전체가 이 용어를 활용하고 논의한다면 조직 전체가 똑같은 보조로 의사결정을 진행시킬 수 있다.

Trigger, Situation, Objective, Alternative, Criteria & Choice, Risk Management 이 여섯 개의 단어를 전 구성원이 공유하고 사용하는 것만으로도 조직의 의사결정이 더욱 신속하게 이루어진다. 또한 이는 조직을 더욱 강하게 이끄는 동력이 될 것이다.

제 2 부

실천편

Trigger	Situation
Objective	Alternative
Criteria & Choice	Risk Management

빠르고 과학적인
의사결정 실행하기

Situation에 따라 의사결정의 여섯 단계를 거친 뒤에는 마지막으로 자신의 가치관에 의존하는 것이 바람직한 스피드 의사결정 방법이라고 할 수 있다.

실천편의 목적은 여러분이 일상적으로 직면하는 비즈니스 현장에서 어떻게 하면 의사결정의 속도를 가속화할 수 있는지에 대해 사례를 통해 연습하는 것이다.

제1부 기초편에서 살펴본 의사결정의 메커니즘은 여섯 개의 용어로 구성되어 있다. 의사결정 스피드를 높이기 위해서는 이 용어를 암기하여 평소에 자연스럽게 일상용어로 사용할 필요가 있다.

- Trigger : 당신에게 걱정거리나 기대를 불러일으키는 방아쇠 정보
- Situation : Trigger와 관련된 확인 정보, 또는 미확인 정보
- Objective : Situation을 통해 얻고자 하는 궁극적인 성과와 달성하려는
  목적

- Alternative : 후보안으로 생각할 수 있는 복수의 실행안

- Criteria & Choice : 선택 기준과 실행안의 선택

- Risk Management : 선택한 실행안이 갖는 미래의 리스크 및 기회 관리

비즈니스 현장에서 이 메커니즘을 얼마나 빨리 회전시킬 수 있는 지가 의사결정 스피드를 향상시키는 결정적인 단서다. 의사결정 메커니즘을 실무에서 활용하는 방법을 의사결정 과정(Process)이라고 부른다. 실무에서는 이 프로세스 순번대로 천천히 시간을 들여 실행할 수 없는 제약 조건들이 돌발적으로 수도 없이 발생한다.

- 결정하기까지 시간이 부족하다.

- 정보가 충분히 모이지 않거나 수집할 수 없다.

- 예측할 수 없는 큰 변화가 일어나거나 일어날 가능성이 있다.

- 사람이나 조직의 이해, 가치관의 차이가 존재한다. 또는 감정 대립이 일어난다.

이런 제약들은 의사결정을 서두를수록 논리적인 결정을 방해하며, 사람들로 하여금 결국 충동적인 결정을 내리게끔 유도한다. 이런 사태가 발생하지 않게 하려면 어떠한 상황에서도 의사결정의 기본 과정을 의식적으로 떠올려 두뇌가 재빨리 회전되도록 훈련하는 것이 중요하다.

스피드가 무엇보다도 중요한 운동 경기에서는 기본 동작을 정확하게 익힌 다음에야 스피드를 구사할 수 있으므로 반드시 기본 동작

의 응용 훈련이 필요하다. 비즈니스 역시 어려운 상황에서 의사결정의 스피드를 높이기 위해서는 똑같은 훈련이 요구된다. 구체적으로는 의사결정을 제약하는 네 가지의 조건이 있는데, 이 제약 조건이 있다고 가정하고 의사결정 과정을 활용해보는 훈련을 해야 한다.

① 시간적인 여유가 어느 정도 남아 있는가?
② Situation 파악을 어느 정도까지 할 수 있는가?
③ 의사결정 과정에 기초한 논리적 사고를 어느 정도 진행시킬 수 있는가?
④ 시간 부족, Situation 파악 부족, 논리적 사고 부족, 합의 형성 부족을 전제로 해서 의사결정을 내려야 할 경우 자신의 가치관으로 얼마만큼 보완할 수 있는가?

스피드가 요구되는 의사결정을 할 때 이 네 가지의 요소를 점검하며 Situation을 평가한다. 예를 들어 필요한 시간에 비해 실제로 주어진 시간은 다음과 같이 분류해본다.

- 0 : 전혀 없다
- 1 : 부족하다
- 2 : 조금 부족하다
- 3 : 충분하다

필요한 정보량에 비해 실제로 가지고 있는 정보가 어느 정도인지도 이같이 나타낸다.

- 0 : 전혀 없다
- 1 : 부족하다
- 2 : 조금 부족하다
- 3 : 충분하다

이 네 가지의 요소와 의사결정 메커니즘과의 관계를 살펴보면 다음과 같다.

- T(Time) 분석 : 의사결정 메커니즘을 완료하기까지 허용된 시간을 분석한다.
- S(Situation) 분석 : Trigger와 Situation 파악으로 획득할 수 있는 정보의 충족도를 분석한다.
- P(Process) 분석 : 의사결정의 프로세스, 특히 Objective·Alternative·Criteria·Risk Management를 얼마만큼 논리적으로 추구할 수 있는지를 분석한다.
- V(Value) 분석 : 논리적인 검토의 부족함을 보강하기 위해 자신의 가치관을 얼마나 활용할 수 있는지를 분석한다.

의사결정 작업을 진행시키기 전에 먼저 의사결정의 상황이 어느 정도로 곤란한지를 평가하는 일이 매우 중요하다. 예를 들어 시간도 없고($T{\rightarrow}0$), Situation 파악도 불가능하며($S{\rightarrow}0$), 논리적 사고도 진행시킬 수 없고($P{\rightarrow}0$), 가치관도 채 갖추지 못한($V{\rightarrow}0$) 경우의 의사결정은 대단히 어려울 것이다. 반면 시간은 충분하고($T{\rightarrow}3$),

Situation도 제대로 파악하고 있으며(S→3), 논리적 사고도 진행시킬 수 있고(P→3) 조건에 대한 가치관도 갖춰 있다면(V→3) 의사결정을 내리기는 아주 쉽다.

이처럼 의사결정의 난이도를 판단하는 작업을 'TSPV 분석'이라고 부른다.

Situation과 프로세스에 시간을 충분히 들일 수 있다면 의사결정의 속도나 질적인 면 모두를 만족시킬 수 있지만, 현실은 시간적인 제약이 특히 심해서 검토가 충분히 이루어지지 않은 상황에서 판단 내려야 하는 경우가 더 많다.

이런 경우에 직감이나 가치관(Value)을 최대한 활용, 마지막에는 자신의 의지에 따른 결단을 내릴 필요가 있다. 즉, 극한 상황에서 상대적인 비교가 아니라 절대적인 자신의 가치관만으로 결정 내리지 않을 수 없는 경우를 말한다.

어느 간부에게 느닷없이 인사과 이동 배치라는 명령이 내려지고 미리 정해져 있던 실행 계획, 즉 해고 작업을 진행하라는 지시가 떨어졌다. 고민을 거듭한 결과, 그 간부는 사장의 명령대로 해고를 추진하지 않으면 회사의 존속마저 위태로워진다고 판단해 먼저 나이 많은 직원을 권고사직시키는 조치를 취했다. 고뇌 끝에 내린 어려운 의사결정이었지만 이 작업은 지금까지 자신이 직장에서 말해온 '가족과도 같은 회사', '가족주의'라는 가치관을 송두리째 내던지는 일이었다.

	전혀 없다	조금 있다	어느 정도 있다	충분하다
시간적인 여유가 어느 정도 남아 있는가?	T→0	T→1	T→2	T→3
Situation 파악을 어느 정도까지 할 수 있는가?	S→0	S→1	S→2	S→3
논리적 사고를 어느 정도까지 진행시킬 수 있는가?	P→0	P→1	P→2	P→3
자신의 가치관으로 얼마만큼 보완할 수 있는가?	V→0	V→1	V→2	V→3

〈도표 4〉 TSPV 분석

그 간부는 책임지겠다는 각오로 해고라는 의사결정을 실행했으며, 임무를 마친 뒤 회사를 그만뒀다. 그는 T→0, S→0, P→0이라는 최악의 상황에서 즉각 의사결정이라는 결단을 내리지 않을 수 없었으며 여기서 자신의 가치관을 지켜나갈 것, 즉 V→3라는 제약 조건에 의지해 임무를 수행했고 마지막으로 자신의 신념에 대한 책임을 졌던 것이다.

일반적으로는 시간(T)이 부족하게 마련인 제약 조건 아래에서 상황(S)과 과정(P)을 얼마만큼 빨리 회전시킬 수 있는지로 업무 능력이 평가된다. 모든 과정을 무시하고 가치관(V)만 앞세우는 사람도 있지만, Situation과 프로세스의 단계를 거친 뒤 마지막으로 가치관에 의존하는 것이 바람직한 스피드 의사결정 방법이다.

지금부터는 실무에서 자주 발생하는 사례를 살펴보면서 의사결정 과정을 활용한 스피드 향상 훈련을 해보자.

chapter 1

상대방이 '지금 당장 답변을 해달라' 고 한다면

정보도 없고 시간도 없고 분석해야 할 과정도 차근차근 밟을 수 없는 상황일 때, 유일하게 남아 있는 수단은 자신의 가치관에 따른 의사결정밖에 없다.

사례

당신은 물류관리 시스템을 개발하는 시스템 엔지니어링 회사의 애플리케이션 개발 그룹의 리더다.

30명 정도의 시스템 엔지니어가 당신 밑에서 일하고 있으며 고객 3사로부터 수주받은 물류 시스템 개혁 프로젝트를 보통 5~6건씩 동시에 개발하고 있다.

그런데 최근 들어 거래처 A사와의 관계가 서먹서먹해지기 시작했다. 이를테면 지난해에 담당했던 생산관리 개발 프로젝트의 일부가 개발 지연을 이유로 다른 경쟁사로 넘어가버렸다. A사는 당신 회사와 같은 재벌그룹 계열사이므로 지금까지 모든 시스템 개발을 당신 회사가 담당해왔는데, 최근 몇 년간 이 관계가 조금씩 무너지고 있다. 이런 변화 속에서도 당신이 책임지고 있는 물류관리 시스템에 대해서는 지금까지 양호한 관계가 유지돼 왔다.

그런데 A사가 현재 개발 중인 X지구 시스템의 개발 콘셉트를 중간에 대폭 수정하는 바람에 결국 납품기일을 지키지 못하게 되었다.

A사는 그 정도의 콘셉트 변경으로 납품이 지연되는 일은 수긍할 수 없다며 강하게 불만을 표시하고 있다. 한편 당신 회사는 문제의 콘셉트 변경으로 인해 개발 비용이 예산을 초과하지 않을까 우려하고 있다. X지구뿐만 아니라 Y지구에도 똑같은 시스템을 납품하는 것을 양측이 암암리에 양해한 사항이므로 비용 초과분은 Y지구 납품을 통해 만회할 예정이다.

이런 상황에서 오늘 아침 갑자기 몇 차례 의례적인 인사를 건넨 정도인 A사의 시스템 부장이 당신을 호출한 뒤 다음과 같은 이야기를 꺼냈다.

"X지구의 시스템 개발이 지연되지 않을까 매우 걱정스럽네. 우리 측의 방침 변경에도 원인이 있다고 생각하지만 당신들은 시스템 개발 전문가이니 이런 상황도 예측해서 스케줄 관리를 했으면 좋겠네. Y지구는 이런 불상사(납품 지연)를 방지하기 위해서라도 당신이 직접 프로젝트 진행 책임자가 되어 차질 없이 개발할 것을 약속해주지 않으면 다른 회사로 이 프로젝트를 넘길 생각이네. 지금 이 자리에서 답변을 듣고 싶네."

지금 당신의 이마에서 식은땀이 주르륵 흐른다. 당신은 동시에 진행 중인 다른 프로젝트도 관리해야 하므로 진행 책임자가 되기는 시간적으로 불가능하다. 하지만 이 자리에서 진행 책임자는 무리라는 답변을 했다가는 Y지구의 시장을 잃게 된다.

당신이 대답하는 데 허용된 시간은 1분 정도다. TSPV 분석을 행한 다음 1분 안에 답변해보자.

TSPV 분석

T 시간은 1분 정도. 긴박한 상황이다. 상대방이 담담하게 이야기하고 있지만 두 주먹을 불끈 쥐고 있는 태도로 봐서 상당히 긴장하고 있다. "심정이야 충분히 이해합니다만 이쪽도 사정이 있으니……"라는 식으로 답변했다가는 "그래요? 그럼 알았습니다."라는 말이 바로 튀어나올 것 같다. T→0 상황이다.

S 당신의 부하 H는 왜 이런 사태가 벌어질지도 모른다는 언질을 하지 않았을까? 이미 담당자 선에서는 관계가 좋지 않음을 알고 있었지만, 이 자리에서 그런 걸 한탄하고 있을 여유가 없다. 상대인 부장에 대해서나 지금 요구하고 있는 건에 대한 배경 정보는 전무한 상태다. 느닷없이 호출당해서는 이런 황당한 요구를 받았다. 따라서 S→0이다.

P 짧은 시간 안에 프로세스 분석을 머릿속으로 최대한 빨리

한다.

Objective는 무엇인가? A사와의 관계 유지다.

Alternative는 무엇인가? 부장의 요구대로 Y지구 프로젝트 매니저를 담당한다. 다른 안은 없다.

Criteria & Choice는? 다른 안이 없으므로 지시받은 안을 선택하는 수밖에 없다.

Risk는 무엇인가? 자신이 그 일을 맡아 수행할 시간이 없다는 것. 과정을 제대로 밟을 시간이 거의 없다는 말이다. P→0이다.

V 생각할 시간이 거의 없는 상황에서 안은 하나뿐이며 게다가 리스크도 크다. 'No'라고 답하면 상대방이 말한 대로 차기 프로젝트는 상당히 높은 확률로 다른 회사에 넘어간다.

지금은 성의를 다해 상대방과의 신뢰를 회복하는 일이 중요하며, 직감으로 상대방의 인격을 판단해 결정할 여지도 크다고 볼 수 있다. V→3이다.

상대가 즉각 답변을 요구할 때의 의사결정

이 사례는 T→0, S→0, P→0, V→3의 상황이다. 실제로는 S나 P의 값이 더 높을 수도 있으며, 즉각 답변을 요구하는 상황이 모두 이런 조건은 아니다. 이 사례는 특히 최악의 조건을 골고루 갖춘 경우라고 할 수 있다.

이 상황을 상대, 즉 고객의 처지에서 살펴보자. 고객은 왜 즉각 답변을 요구하는 행동으로 나왔을까?

시스템 개발 리더의 처지에서는 갑작스러운 사건이지만, 고객으로서는 돌연한 변화가 아닌 준비된 행동이다. $T{\to}0$, $S{\to}0$, $P{\to}0$의 상황에 쫓겨서 No라고 답했을 경우, 바로 타사에 발주하겠다는 협박까지 담아 즉각 답변을 요구하고 있다. 상대방에게 생각할 여유를 주지 않고 더구나 자신보다 직급이 높은 사람이 느닷없이 수주처의 간부를 호출한 상황이다. 시간이 남아돌아서, 혹은 재미로 하는 행동이 아니라 당신의 태도 여하에 따라 업자 변경까지 진지하게 생각하고 있다. 다시 말해서 고객은 지금 시스템 개발 리더의 신뢰성을 확인하고자 하는 것이다.

만일 당신이 이 리더라면? 상대방의 신뢰를 회복하기 위해서 당신의 태도를 분명하게 보여주지 않으면 안 된다.

상대방은 자신들에 대한 책임과 의무를 다할 것을 요구하고 있으며, 고객을 위해 반드시 책임을 다할 것이라는 당신의 기개와 자세를 확인하고자 한다. 그러므로 답변은 Yes가 명백하며 관계 유지를 위해서도 가장 바람직한 답변이다. 반대로 이 상황에서 상대방을 제일 화나게 만드는, 혹은 실망시키는 행동은 불가능한 이유나 변명을 늘어놓는 것이다.

"저는 이 일 말고도 다른 프로젝트를 진행해야 하고, 부하도 적은 수가 아닌 탓에 관리할 곳이 한두 군데가 아닙니다. 시간적으로 Y지구의 프로젝트는 담당할 수 없습니다." 혹은 "X지구의 개발이 늦어진 이유는 시스템 콘셉트를 도중에 변경시켰던 것이 가장 큰 요인입니다."

고객은 이런 답변을 요구하고 있는 것이 아니다. '댁의 사정을 듣고 싶은 것도 아니고, 개발 지연의 원인을 묻고 있는 것도 아니다. 핵심은 우리 회사의 실적에 대한 당신의 의무와 책무를 묻고 있는 중'이라는 말이다. 따라서 앞과 같은 답변을 한다면 당연히 "잘 알았습니다. 다른 회사에 부탁하지요."라는 답변이 돌아올 것이다.

당신은 Yes라고 답함으로써 상대방이 즉각 계약을 중단시키는 사태는 피할 수 있다. 하지만 이 답변으로 인해 리스크가 발생한다. 실제로 당신에게는 그 회사 프로젝트의 개발 책임자가 될 시간적 여유가 없기 때문이다.

다만 대책은 있다. 당신을 개발 책임자로 삼고 싶다는 Alternative를 제시한 고객의 Objective는 무엇일까? 그것은 결국 Y지구의 시스템 개발 프로젝트가 예정대로 차질 없이 진행되는 것이다. 따라서 Y지구의 시스템 개발 체계를 빈틈없이 갖춘 뒤 그에 대한 내용을 정확하게 설명한다면 상대방도 당신의 진지한 자세를 보고 안심할 것이며 Alternative에 대한 집착도 줄어들 것이다. 그리고 최종적으로는 개발 책임자 변경도 인정해줄 것이다.

교훈

• 상대방이 지금 당장 Yes 혹은 No로 답변하라는 요구를 할 때, 그의 의중을 헤아려 요지가 무엇인지를 읽고 성심 성의껏 Yes나 No

로 즉각 답변해주는 것이 중요하다.

• Time에 대해서는 상대방이 요청하는 시간까지 반드시 답변을 해줘야 한다.

• Situation에 대해서는 그 자리에서 정보를 충족시키기는 불가능하다. 현재 수중에 있는 정보만으로 유추할 수밖에 없는데, 시간조차 충분하지 않다. 핵심은 중요한 정보로 현재 가지고 있지 않은, 파악되지 않은 정보를 확인하는 것이다. 이것은 리스크를 상정할 때 대단히 유용하게 쓰인다.

• Process에 대해서는 충분히 검토할 시간이 없다. 그러나 여기서 절대로 누락해서는 안 될 것이 바로 리스크의 상정이다. Yes라고 답했을 경우의 리스크, No라고 답했을 경우의 리스크를 모조리 집중적으로 찾아낸다.

• 즉각 답변을 강요당했을 때 가장 중요한 작업은 가치(Value)에 대해 심사숙고하는 일이다. 정보도 없고 시간도 없고 분석해야 할 과정(Process)도 차근차근 밟을 수 없는 상황이라면 남은 유일한 수단은 자신의 가치관에 따른 의사결정밖에 없다.

• Value(가치)는 평소부터 '나는 어떤 목적으로 일하고 있는가?', '내가 하고 있는 업무의 가치는 무엇인가?'를 꾸준히 고민하지 않으면 비상사태에 처했을 때 바로 떠오르지 않는다. 그렇기 때문에 자신의 가치관이나 삶의 목표를 늘 재점검하도록 노력해야 한다.

두 번 다시 오지 않을
절호의 기회를 만났다면

많은 조직이나 기업에서 의사결정이 제때에 이루어지지 않는 이유는 시간을 고려하지 않은 채 Situation을 파악하거나 논리적인 의사결정의 실무 강화를 추진하기 때문이다.

사례

당신은 외자계 화학회사의 영업 담당자다.

지금까지 소비자용 제품의 영업을 담당해왔는데 도장재 영업 부문으로 배치되면서 주로 완구 제조업체에 도장 재료를 판매하는 업무를 맡게 됐다. 이 분야는 회사가 새롭게 참여한 신규 사업이므로 처음부터 완구 제조업체를 일일이 방문해야 했다. 그런데 방문 영업을 시작하면서 비로소 알게 된 사실은 대부분의 제조업체들이 중소기업에 하청으로 위탁 제조하는 탓에 이들 업체는 도장 재료에 대한 장단점을 전혀 모르고 있다는 점이었다.

어쩔 수 없이 하청회사로 방향을 바꿔 영업을 했지만 단골 거래처를 바꿀 생각이 없다는 등 계약이 이루어질 전망이 전혀 없는 비관적인 답변만 돌아온 상황이다.

　사무실에는 외국인 매니저가 버티고 앉아서 "외국에서는 널리 사용되는 도료가 왜 이곳에서는 팔리지 않느냐?"면서 매일같이 압력을 가해온다.

　그러던 어느 날, 한 하청기업의 사장이 "일일이 하청기업을 방문해 봤자 수주는 어려울 것"이라며 "재료를 한꺼번에 주문하고 취급하는 도매상이 있으니 그곳에 가보라."며 도매상까지 소개해줬다.

　그 즉시 도매상을 방문한 결과, 카탈로그를 죽 훑어본 사장은 제품의 성능을 바로 알아차리고 "지금 당장 주문하고 싶다."고 했다. 그 도매상의 고객 명단을 확인한 결과, 지금까지 일일이 방문하며 헛수고를 했던 유명 완구 제조업체의 자회사나 하청기업들이 거의 다 기재되어 있어서 이 도매상이야말로 대단히 매력적인 판매망임을 알았다. 이윤이나 판매 가격 등도 회사가 제시한 기준 범위 이내였다.

　3개월간의 고생이 마침내 보상을 받는다는 생각에 날듯이 기뻐하며 교섭을 시작하자, 아니나 다를까 난제들이 속속 등장하기 시작했다. 연간 납품 수량을 미리 결정할 것, 연간 납품 분량을 일괄 선도할 것, 납품 시 차익금 선불, 지불은 12회 분할로 하되 매월 2개월짜리 어음으로 지불한다는 등의 조건을 제시하면서 완구 업계의 거래 관행이라는 것이다.

　이 도매상과 계약을 체결하면 연간 판매 계획의 약 50%는 달성할 것 같다. 도매상 사장은 "마침 거래 중인 화학회사와 계약 갱신 시기이므로 3일 후에는 답변해주기 바란다."고 마지막으로 덧붙였다.

이제 당신에게 주어진 시간은 3일. 적어도 사흘 뒤에 답변을 해주지 않으면 안 된다. 지금까지 3개월간의 영업 활동을 통해서 파악한 사실은 이 도매상과의 계약만이 자사의 연간 판매 계획 달성을 위한 유일한 길이라는 점이다.

TSPV 분석

T 주어진 시간은 3일이다. 지금 이 자리에서 결정해야 한다면 T→0이지만, 이 경우는 T→1이다. 즉 '부족하다'는 조건 아래에서의 의사결정이다.

S 정보는 얼마만큼 수집했는가? 상황은 제대로 파악하고 있는가? 완구 제조업체를 상대로 3개월 동안 영업을 펼쳐왔으므로 S→2 수준이다. 문제의 도매상은 처음 방문하는 것이므로 Trigger가 막 당겨진 상태다. 그러나 도매상의 상황에 대해서는 거래처 명단 외에 얻은 것이 없으며 지금부터 조사하지 않으면 안 된다. S→1의 상태라고 할 수 있다. 업계의 거래 관행, 도매상의 세력 분포, 이윤 동향, 경쟁사와의 거래 관계 등 3일이라는 시간을 들이면 어떻게든 S→2의 수준까지 끌어올릴 수 있을 것 같다.

P 의사결정 메커니즘을 활용해서 3일 동안 얼마만큼 논리적인

분석을 진행시킬 수 있는지에 대한 판단이다.

자사의 연간 판매 계획 약 50%에 해당하는 군침 넘어가는 도매상 측의 제안을 우선은 단순한 화젯거리의 하나로 간주할 필요가 있다. 왜냐하면 이 연간 계약이라는 Alternative에는 차익금 선불 등의 불리한 조건이 엄청나게 포진해 있기 때문이다. Situation이 S→2로 향상된다면 3일 후에 어느 정도 합리적인 판단이 설지도 모른다. P→2까지 분석을 진행시킬 수 있을 것 같다.

Objective는 도매상과의 신뢰 관계를 구축하고 거래 구좌를 개설한 뒤 금년도 대규모 계약을 획득하는 것이다. 가장 좋은 Alternative는 당사의 계약 기준에 합당한 6개월분의 계약 완료 안이지만, 상황은 낙관적이지 못하므로 당사에 좀 더 유리한 조건으로 조절한 안을 몇 개 준비한다.

Criteria & Choice는 Situation 파악 정보가 차례로 입수됨에 따라 더욱 명료해질 것이다. 당사의 기준에 대해서는 첫 회를 할인해주는 식의 옵션을 상관과 미리 상의해둘 필요가 있다.

Risk Management 면에서 살펴보면, 먼저 이런 군침 넘어가는 이야기를 처음 접했을 때는 신중한 자세를 취하지 않으면 안 된다. 상담이 진행되면서 회수 및 반품 문제, 물류의 상세한 과정, 품질 관리 그리고 경쟁에 대한 정보 유출, 첫 거래 이후의 압력 등등 수많은 난제가 속속 등장할 것이며 상대 회사의 사내 분위기나 사장의 인품까지도 참작하지 않으면 안 된다. 3일 내로 P→3 수준의 결론을 내리는 것은 상당히 어렵다고 판단할 수 있다. P→2 수준에서 의사결정을 내리기로 한다.

V　P→2에서의 결정이 결코 완벽한 의사결정은 아니라는 인식을 할 것. 이 불완전한 부분을 보완하는 데 가치(Value)를 얼마나 활용할 수 있는가, 이것이 관건이다. 거래 방법에 대한 회사의 기본적인 방침, 신조, 규칙 등을 상대방에게 소개함으로써 상대방의 신뢰를 얻고 상대로 하여금 일방적인 할인 등 안이한 흥정을 포기하도록 만드는 방법도 생각할 수 있다. 또한 당신의 비즈니스에 대한 당당한 자세나 태도가 이런 종류의 교섭에서는 아주 중요한 구실을 한다.

V는 충분히 활용할 여지가 있다. 따라서 V→2의 조건에 있다고 판단한다.

절호의 기회가 찾아왔을 때의 의사결정

어려운 상황에 쫓길수록 지푸라기라도 잡고 싶은 심정이 드는 것은 인지상정이다. 사람들은 돈 벌기가 쉬운 게 아니며, 착실하게 노력하는 길 외에는 방도가 없다는 것도 잘 알고 있지만 귀가 솔깃해지는 달콤한 이야기에는 자신도 모르게 빨려든다.

이럴 때일수록 먼저 시간을 분석하는 습관을 들이자.

- 이 달콤한 이야기를 검토하는 데 어느 정도 시간을 투입할 수 있는가?
- 정말로 상대방이 지정한 시간밖에 여유가 없는 상황인가?

이 두 가지 질문에 답을 구한 다음 조급해하지 말고 시간을 효과적으로 사용하는 방법을 찾는다.

- 검토 시간이 정말로 그 정도밖에 없다면 Situation은 어느 수준까지 파악할 수 있는가?
- Situation 파악의 수준을 높이기 위해서는 어디에 초점을 두고 조사하는 것이 효과적인가?
- 시간과 정보의 수준으로 봐서 논리적인 의사결정을 진행시킬 가능성은 어느 정도인가?
- 논리적인 분석을 하기 어려운 경우, 가치관(V)으로 얼마만큼 보완할 수 있는가?

사실 비즈니스 현장은 이처럼 T→1, S→2, P→2, V→2 식으로 모든 요소가 불충분한 경우가 다반사로 일어나는 곳이다. 이런 군침 넘어가는 제안을 아무런 검토도 하지 않고 단순한 Trigger 정보만으로 상관에게 의견을 구해봤자 그 역시 판단할 근거가 없다. Situation이나 과정을 최대한 정리해서 상관에게 보고하지 않으면 그 역시 리스크만 중점적으로 판단하는 수밖에 없는 것이다.

Situation과 프로세스에 대해 반복적으로 분석하는 일이야말로 일 잘하는 사람의 필수 요건이다. 사실 많은 조직이나 기업에서 의사결정이 제때에 이루어지지 않는 이유는 시간을 고려하지 않은 채 Situation을 파악하거나 논리적인 의사결정의 실무 강화를 추진하기 때문이다. 어떤 상황에서든 TSPV 분석이 자연스럽게 떠오를 정도로 일상적으로 반복 실행할 수 있게 되면 개인의 비즈니스 능력뿐만 아니라 조직의 비즈니스 능력 또한 향상될 것이다.

이 사례에서 TSPV 분석의 요점을 살펴보면 다음과 같다.

먼저 TSPV의 현상에 대해 평가할 것, 그리고 주어진 시간 내에 SPV를 얼마만큼 개선할 수 있는지 예측할 것, 마지막으로 시간(T)에 대해서도 다시 한번 개선의 여지가 없는지 꼼꼼하게 분석하는 것이다.

절호의 기회이니 빨리 결정 내리라는 제안을 받았을 때, 사람의 반응은 대개 두 가지로 나뉜다. 그런 달콤한 이야기가 나한테까지 들어올 리가 없다며 그만두는 타입, 좋은 기회라며 얼른 손을 쓰겠다는 타입. 전자는 두 눈 뜨고 기회를 놓치는 경우며, 후자는 예기치 못한 투자 손실을 가져올 수 있는 경우다.

우리 회사는 벤처기업이 어느 정도 개발해놓은 프로젝트를 대기업에 투자 안건으로 제안하는 비즈니스도 펼치고 있는데, 투자 내용을 듣기도 전에 거절하기로 마음먹은 사람이 있는가 하면 설명을 듣기도 전에 투자하겠다고 덤비는 사람이 의외로 많다. 그저 입이 벌어질 뿐이다. 두 경우 모두 자신이 사용할 수 있는 시간 안에 무엇을, 어느 정도 검토할 수 있는지를 순식간에 유추해내는 능력이 결여되어 있다.

의사결정 내릴 시간을 의도적으로 제한해서 결국 물건을 사게 만드는 세일즈 기법도 있다. 특히 아파트 매매 광고에서 자주 접할 텐데, '한 채밖에 안 남았습니다. 이미 임시 계약까지 이루어진 물건이므로……'라는 식으로 상대방으로 하여금 충동 구매하도록 유도하는 수법이다. 물론 정말로 한 채밖에 안 남은 경우도 있겠지만, 사실인지 여부를 분간하는 마법의 수단은 없다.

TSPV 분석을 착실하게 실행한 뒤 제한 시간 안에 상대방에게 하나씩 질문하며 파악한 사실을 기록해나간다. 상대 측과 당신 회사의 Objective, Criteria를 기록한 자료를 보여주면, 상대방이 공정한 거래를 희망할 경우에는 자연스럽게 당신의 분석을 지지해줄 것이다.

거품경제기인 1980년대에 외자계 펀드들은 일본의 남아도는 은행 예금을 유치하기 위해 다양한 수법을 동원해 덤벼들었다. 일본인의 국채 선호 경향을 노려 인구 채 1만 명도 안 되는 남태평양의 조그만 섬나라에서까지 수백억 엔의 국채를 발행한 뒤 날조된 평가를 붙이고 담보 가치도 거의 없는 그 국채를 일본 금융기관에 팔아넘겼다.

거품경제의 붕괴로 이 국채들은 휴지 조각으로 전락했지만, 미국 펀드들은 붕괴 직전에 그 자금을 다른 곳에 투자해 일확천금을 끌어모았다. 이때도 얼마 안 남았으니 얼른 구입하라고 재촉하는 세일즈 수법이 이용되었고, 일본의 금융기관들은 감쪽같이 그들 손에 놀아났던 것이다.

chapter **3**

갑자기 해외 파견을 제안받았다면

인생의 갈림길에서 재빨리 의사결정을 내리지 못하고 우물쭈물 고민하는 우유부단한 사람이 있다. 이들은 업무 면에서도 중요한 시기에 좀처럼 결단 내리지 못하는 경우가 많다.

사례

당신은 한 기계 제조업체에 다니는 7년차 회사원이다.

입사 이래 담당해온 부품의 개발 및 제조에 관한 지식 면에서는 사내 최고라고 자부하고 있다. 게다가 이 부품은 매출 실적이 뛰어나 조만간 담당 파트가 과로 승격될 것이라는 이야기를 사업부장으로부터 전해 들은 상태다.

그렇게 되면 당연히 당신은 과장으로 승진될 것이라 기대하고 있던 참인데, 4월의 정기 인사 발령에서 갑자기 신설 예정인 타이완 공장의 부책임자로 전근하라는 명령이 떨어졌다. 새로 생길 부품과의 과장으로는 기술력이나 발상 능력에서 분명히 당신보다 뒤떨어지는 타 부서의 과장이 배치될 것이라는 이야기였다.

지금은 시장 자체가 막 형성되기 시작한 부품이라 안정된 수요, 공급까지는 시간이 좀 더 필요한 시기에 당신이 자리를 비우게 되면 간신히 궤도에 오른 부품 업무의 미래가 어떻게 될지 걱정이 이만저만이 아니다.

당신은 사업부장으로부터 이번 전근에 대해 여러 가지 설명을 들었지만, 기술적으로 안정되어 있는 제품을 위탁 생산하기 위한 시설로 신설되는 타이완 공장은 정말로 당신의 능력을 필요로 하는 곳인지 의심스럽다.

결국 당신은 "왜 제가 타이완으로 가지 않으면 안 됩니까?"라고 부장에게 물었다. 그런데 부장으로부터 의외의 답변이 돌아왔다.

"지금은 승진하기가 하늘의 별 따기란 걸 잘 알지 않나. 자네를 과장으로 만들려면 타이완으로 보내는 수밖에 없네. 만일 싫다면 어쩔 수 없지만……. 지금 이대로도 상관없네. 다만 내년은 자네의 연차 과장 승진 시기라 혹시 승진 기회를 잃어버리게 될지도 모르고……."

그러면서 거의 정해진 인사이므로 거절할 생각이면 내일까지 답변하라는 것이다. 집으로 돌아가 부인과 상의한 결과, 말도 통하지 않는 곳에 가서 아이를 키우며 살 자신이 없다면서 갈 생각이면 혼자 가라는 것이다. 가족과 떨어져 사는 것만큼은 가능한 한 피하겠다는 생각을 예전부터 해온 터라 이번 전근을 수락할 것인지 점점 더 고민이다.

밤새 고민하다가 결국 날이 밝았다. 회사 도착까지 남은 시간은 3시간 정도다.

T 앞으로의 인생에 막대한 영향을 미칠 의사결정을 당장 내리라고 재촉하는 이런 일본 기업의 시스템을 근대적이라고는 절대로 말할 수 없다. 그러나 이런 인사 시스템을 구사하는 회사에 근무하고 있는 이상 불평만 늘어놓을 수는 없다. 남은 3시간 동안 즉, T→1의 상황에서 결단 내리지 않으면 안 된다.

S 현재 과장 승진이 대단히 어렵다는 것은 사실이다. 그렇지 않아도 이 부품 파트가 과로 승격되지 않는 한 승진 기회는 없으리라 생각했고 그래서 더더욱 열심히 일했다. 다른 과의 과장이 옮겨오는 일도 사업부 내의 상황으로 봐서 충분히 이해할 수 있다. 어지간한 일이 아니면 과장 승진 자체가 있을 수 없기 때문이다. 과장 대우에 해당하는 타이완 공장의 부책임자라는 직책은 결국 해외 그룹에 속하므로 사업부에서 보자면 권한을 넘어서 결정 내린 파격적인 조치임이 확실하다. 승진 관리라는 점에서도 납득이 가는 상황이다.

문제는 해당 부품 사업의 장래다. 과장직에는 당연히 당신이 적임자이지만 젊은 인재가 육성되어 있으므로 문제가 적을지도 모른다. 새로 부임할 과장이 타이완으로 가는 방법은 어떨까? 커뮤니케이션 능력에 문제가 있다.

냉정하게 생각하면 배경 상황은 이해할 수 있다. 부족한 정보는 다음과 같다. 첫째는 전근을 수락하고 몇 년이 흐른 뒤의 상황, 즉

몇 년 뒤의 당신에 대한 대우는 어떨까? 둘째는 전근을 거절했을 경우 과장으로 승진하지 못할 리스크의 확률이다. 이것은 전혀 예측할 수 없다. S→2의 조건에서 결정 내려야 한다.

P 남은 시간은 논리적인 분석에 집중시킨다.

지금 당신은 무엇을 결정하고자 하는가? 이 기업에서 계속 일하기 위한 Objective를 재검토해야 할 시점에 와 있음을 깨닫는다. 입사 당시, 자신의 인생 목적으로 회사원을 선택했던 것도 아니고 출세를 목적으로 삼고 있는 것도 아님을 확인해나간다.

그렇다면 무엇이 목적인가? 스스로 좋아하는 기술 관련 업무를 매일 매일 창조적으로 연구하는 것이 이 회사에서 일하고 있는 목적임을 재확인할 수 있다. 즉, 당신의 Objective는 향후 몇 년간은 자신이 흥미를 느끼는 업무에 계속 집중하는 것임을 깨닫는다.

Alternative는 회사 측이 제안한 과장 대우인 타이완 전근, 비관리직으로 현재의 업무를 계속하는 두 가지 안을 생각할 수 있다. Criteria & Choice 면으로는 단기적 승진의 장단점, 장기적 승진의 장단점, 자기만족과 성장을 도모할 수 있는 환경인가, 가족과의 생활, 일을 통한 사회적 공헌 등의 선택 기준이 나온다.

이렇게 하나하나 비교해보면 과장 승진이라는 단기적인 요소는 당신이 그리 집착할 만한 일이 아닐 수도 있다. 기업의 부설연구소에서 평범한 연구원으로 일하는 다나카 고이치(田中耕一) 씨가 2002년 노벨 화학상을 공동 수상한 것처럼, 업무 결과가 훌륭한 쪽이 더 매력적이라고 생각할 수도 있다.

다음 단계인 리스크에 대해 분석하면 영원히 과장이 되지 못할 가능성도 있다. 정말로 재미있고 멋진 일을 계속 하다가는 승진 가능성이 낮다는 사실도 충분히 인식하고 있다. 현재 은밀히 새로운 부품 개발도 준비 중이며, 이것이 상품화된다면 부품 관련 업무는 점점 더 성황을 이룰 것 같다.

P→3이라는 확인이 이루어졌다.

V 예전과 달리 기업에서 직원, 일하는 사람들의 가치관이 고객 만족이라는 과제와 대등할 정도로 중요한 시대다. 출세를 위해 어떤 일이든 감내하던 시대는 지나갔다. 자신의 일에 대한 가치관이 무엇보다 중요하다. 자신의 가치관에 대해 다시금 생각해볼 좋은 기회다.

인생의 갈림길. 자신의 신념이 강하게 작용했다. V→3이다.

인생의 기로에서의 의사결정

회사의 사업에는 라이프사이클이 있어서 사업에 대한 구조 개혁이 갑작스럽게 요구되는 경우가 있다. 회사 조직이나 인사제도 역시 시대를 반영해서 급격히 변화해나간다. 모든 것이 순조롭게 잘 풀려나가는 시대가 아니다. 별안간 자신의 삶의 방식, 업무처리 방식, 인간관계에 대해 근본적으로 새로운 선택을 강요당하기도 한다. 비관적인 상황만 일어나는 것이 아니라 오히려 자신의 능력 이상인 업무에 기용되기는 등 생각지도 않은 기회가 주어질 수 있다. 이럴 때는 Objective가 가장 중요하다는 점을 기억해야 한다.

입학, 취직, 결혼, 출산, 전직, 퇴직 등 인생에는 수많은 고비가 있는데 그때마다 인생의 목적이 무엇인지 출발점으로 되돌아가서 의사결정을 내려야 할 때가 느닷없이 찾아온다. Alternative는 비교적 한정되어 있지만 이 사례처럼 과장 승진은 축하할 일, 좋은 일이라는 선입관에 사로잡히는 경우가 있으므로 이런 상식을 의심해보는 것도 중요하다. 내 인생에서 승진보다 더 소중한 것은 없는지 생각해보는 것이다.

Criteria & Choice 역시 업무에만 한정하지 말고 사회, 가족 등으로 시야를 넓혀보자. 리스크 역시 시대가 바뀌면 기회로 작용할 수 있다는 능동적인 시각이 중요하다.

그리고 인생과 관련된 의사결정을 내릴 때는 무엇보다 가치관(Value)이 가장 중요한 Criteria & Choice가 된다는 점은 더 말할 나위도 없다. 회사에서 좌천된 뒤 고난을 극복하고 성공을 거둔 사람들은 한결같이 그 고난의 시기에 인생의 가치관이 재형성되었으며, 또 강해졌다고 말한다. 시련이 오히려 자신의 가치관을 풍요롭게 만들어준다는 이야기다.

이 사례를 통해 배울 수 있는 교훈은 아무리 시간이 부족한 긴박한 상황이라도 아주 질 높은 판단을 내릴 수 있다는 사실이다. 비즈니스맨이 가지기 쉬운 선입관을 버리고 인생의 Objective가 무엇인지 출발점으로 되돌아가 재검토했으며, 그리고 가치관에 대한 확신으로 난관을 돌파했다.

인생의 갈림길에서 재빨리 의사결정을 내리지 못하고 우물쭈물 고민하는 우유부단한 사람이 있다. 이들은 업무 면에서도 중요한 시기에 좀처럼 결단 내리지 못하는 경우가 많다. 세상의 일이 마음먹은 대로 풀려나가는 것이 아니므로 리스크를 받아들이고 그것을 극복해가는 경험도 필요하다.

혼다자동차는 창업주의 '회사를 사랑하지 말고 일을 사랑하라.'는 지침을 지금까지 지키고 있다고 한다. 고객을 기쁘게 하기 위해 얼마나 좋은 일을 하는지에 자신의 모든 것을 걸도록 지도하고 있는 것이다.

회사란 뭔가 멋진 일을 하고 싶은 목적을 지닌 사람들이 모인 집단에 불과하며, 좋은 자동차를 만들고 싶어도 혼자서는 만들 수 없으므로 뜻을 같이하는 사람들이 모여서 자동차를 만들기 시작한 것이 혼다라는 자동차 제조회사일 뿐이다. 극단적으로 표현하면 회사 따위는 사랑하지 않아도 좋다는 말이다.

소니에서는 명확한 Objective를 가지고 퇴직하는 사람에게는 축하 파티를 성대하게 열어준다고 한다. 퇴직한 사람이 더 높은 직책으로 재입사하는 경우도 있으며, 간부 중에도 그런 사람이 여러 명 있다.

지금은 조그만 회사나 조직 안에서 순번, 혹은 서열로 사람들에게 동기를 부여하는 시대가 아니다. 회사 밖에도 얼마든지 기회가 있다. 그런 면에서 외자계 기업은 조금 다르다고 할 수 있는데, 자신의 선택 기준에 따라서 회사를 이리저리 옮겨 다니는 실력자들이 자유로이 움직이는 곳이라 할 수 있다. 기업에 들어가는 것이 아니라 어디까지나 그 일을 하기 위해, 그 직업에 취직한다는 말이 적합하지 않나 생각한다.

전근이나 승진, 배속 등의 인사 이동은 예기치 않게 찾아오며, 그로 인해 예상 밖의 통고를 받는 경우도 있다. 그리고 대부분 통고를 전해 들은 뒤 격심한 희로애락의 파도가 몰아치기 시작한다.

이때 월급쟁이이므로 어쩔 수 없다고 생각하는 사람도 있는데, 이같은 수동적인 자세는 자주성이나 마음의 준비 면에서도 문제라고 할 수 있다. 유사시에 의사결정을 내릴 때 당황하지 않게 자신의 업무에 대한 Criteria & Choice를 능동적으로 수립하고, 진정으로 원하는 것을 실현해가는 강인한 자세를 지니도록 노력한다.

자신의 가치관에 대해서는 당연히 자신의 성격이나 능력을 중심으로 생각해야 하며, 이때 가치관은 어디까지나 타인과의 관계 및 사회와의 관계로 실현되어 나간다는 사실을 잊어서는 안 된다. 전문성 역시 사회 속에서 그 유용성을 발휘함으로써 비로소 가치가 있다. 혼다는 자동차를 통해서 '타서 즐겁고, 팔아서 즐겁고, 만들어서 즐겁다.'는 것으로 기업 목적을 설정하고 있다. 즐거움의 고리가 조직의 가치로 공유되고 있는데, 일을 할 때 잊어서는 안 될 마음가짐이다.

회의에서 불리한 조건을
강요당할 것 같다면

조직은 유산이나 문화로 인해 설립 초기의 TSPV 평가를 고정시키는 경향이 있다. 특히 T나 S 부문이 강하게 굳어지는데, 이것이 의사결정의 속도를 지연시키는 가장 큰 요인이다.

사례

당신은 가정용 전자제품 회사의 개발 담당 그룹에 소속되어 있다. 이 회사는 전통적으로 영업부와 개발부의 관계가 좋지 않아 두 부서가 늘 대립하는 상황이다.

회의 중에 영업부는 '제품 종류가 적어서 팔리지 않는다.', '상품이 매력적이지 못하니 팔리지 않는다.' 는 식으로 불민을 토로하며 가능한 한 개발 건수를 늘리려고 애쓴다.

하지만 개발부는 제품 종류가 늘면 각각의 제품 개발에 투입할 수 있는 시간이 줄어들므로 품질 저하를 우려해 주저한다. 개발부로서는 품질 저하가 제일 심각한 문제이므로 당연히 신상품 개발을 늘리고 싶지 않다.

매년 한 번씩 열리는 차기 신상품 기획회의에서 개발 건수를 결정하는데 여기서 영업부와 개발부가 정면 대결을 하며 치열한 공방전을 벌인다. 늘 과장이 출석했는데, 갑자기 과장이 해외 출장을 가는 바람에 당신이 처음으로 대리 참석하게 되었다.

현재 영업부에서는 일곱 종류의 제품 출시를 요구하는데 대부분의 제품이 신기술 개발을 동반하므로 개발부의 능력으로서는 다섯 가지가 한계다. 과장은 "세 종류 이상의 신제품 개발은 절대로 수락하면 안 된다."고 당부하며 "실력을 발휘하라."는 말을 남기고 출장을 갔다. 개발부를 위해서라도 안이한 타협은 있을 수 없다.

상품 기획회의가 열리자, 아니나 다를까 영업부에서 일곱 개의 신제품 중 어느 하나도 빠뜨릴 수 없다고 주장하면서 벌써 3일째 대립 중이다. 서로의 주장이 합일점을 찾지 못한 채 시간이 경과했으며 오늘 오후에 기획회의는 종료된다.

최종적으로는 영업부 출신인 사업부장이 결재하는데 매년 영업부의 손을 들어준다. 이대로라면 똑같은 사태가 벌어질 것이고, 결국 영업부가 제시한 신제품 개발안을 받아들이지 않을 수 없다.

당신은 새로운 시점에서 정말로 팔릴 만한 제품에 중점을 둘 필요성이 있음을 주장하여 영업부를 포함, 사업부장까지 어떻게든 설득하지 않으면 안 된다.

오후에 최종 결론이 나기 전까지 회의 중에 당신이 해야 할 일은 무엇일까?

T 결론이 날 시간까지 불과 4~5시간이 남아 있을 뿐이다. 그러나 변화를 일으키기에는 충분한 시간이다.

표적은 사업부장일 것이다. 회의의 최종 단계에 사업부장의 생각을 바꿀 수만 있다면 승산이 있다. 사업부장으로 하여금 고객의 처지에 서서 회사의 능력에 적합한 개발안을 선택하도록 만들기 위한 설득 시간으로는 충분하지 않지만, 그래도 승부를 걸어볼 만하므로 T→2로 판단하고 노력해보자.

S 영업부나 개발부의 신제품 제안의 검토 순서나 내용에 대해서는 서로 오랫동안 다투어온 터라 Situation을 충분히 파악하고 있다. 판매 대리점의 요구를 근거로, 또는 판매량 등을 증거로 영업부 쪽은 끈질기게 신제품 개발의 당위성을 주장한다. 경쟁사는 한두 군데가 아닌데 그들의 동향에 모두 대응해야 한다는 영업부의 주장을 받아들이다가는 그야말로 홀로 여러 명의 적과 싸우는 꼴이 된다.

개발부는 첨단기술을 도입한 제품을 개발하겠다는 안을 제시하고 있다. 흔해 빠진 기술로 신제품을 만들어봤자 개발자로서는 별 재미가 없기 때문이다. 결국 양측 모두 최종 소비자와는 접촉하고 있지 않다는 결정적인 문제를 확실하게 지적할 수 있을 것 같다.

판매 대리점이나 영업, 경쟁 등에 대해서는 S→2, 개발부 내부의 체제나 기술력에 대해서는 S→3으로 Situation을 파악할 수 있다.

그러나 결정적으로 부족한 것이 고객에 대한 정보다. 모든 것을 판매 대리점이나 간접적인 마케팅 정보에 의지하고 있으므로 고객에 대한 상황은 S→1 수준이다. 이 상태로는 아무리 신제품 종류를 늘려도 회사의 의도대로 잘 팔릴 리가 없다.

P 이틀 동안 이루어진 논의에서 영업부는 시종 판매 대리점이 요구하는 제품 라인의 확대를 주장하고 개발부는 그렇게 많은 신제품 개발은 불가능하다는 수동적인 반발로 일관해왔다. '수를 줄여라!', '아니, 줄일 수 없다!' 식의 대화는 아무런 성과도 낳지 못했으며 감정적인 대립만 심화시켰다.

12시간 정도의 검토 시간이 남아 있으니 영업부의 주장에 기초해 의견을 정리해보자고 제안한다. 언뜻 상대방에게 타협한 것처럼 보이므로 영업부도 바로 찬성할 것이다.

먼저 회의의 최종적인 Objective에 관해서 서로 확인한다. 무엇을 위한 회의인지에 대해서는 양쪽 모두 신제품의 가짓수에 대해 합의하는 회의임을 인식하고 있다. 따라서 이 시점에서 무엇을 위해 합의가 필요한지를 재차 추궁해보았다. 그러자 합의 목적은 당사의 주요 대상 고객과 판매 대리점의 만족을 얻을 만한 신제품 개발안의 선택에 있음을 확인한다.

이런 관점에서 Alternative를 분석해보니 신제품 개발안이 당사의 주요 고객을 대상으로 하기에는 적합하지 않다는 사실이 드러났다. 단순히 매상고를 늘리기 위해 회사의 취약 고객층이나 취약한 판매망을 겨냥한 상품이 절반 이상을 차지한다. 반대로 대상 고객과 판매점의 요구에 걸맞은 참신한 상품은 부족하다.

여기서 다시 한번 Objective를 확인함으로써 현재의 판매망을 통해 신제품을 강화해나간다는 가이드라인이 만들어졌다. 새로운 고객층에 대해서도 급성장이 예견되는 곳을 한정해 신제품을 투입하기로 합의했다. 이런 논의 끝에 총 10건의 신제품 개발안이 후보로 올라왔다.

지금부터가 Criteria & Choice 단계다. 장·단기적 시점에서 분석한 유효성, 판매 채널과 소비자 양측의 장점, 영업 능력과 배치에 대한 적합성 여부, 개발 시의 기술적 장점과 차별화 가능성, 투자 이익 등이 선택 기준으로 등장했으며 후보안에 순위가 매겨졌다. 이 단계까지 이르자 영업부뿐만 아니라 개발부 역시 자신의 취향, 기호로 제품 개발안을 선택하는 경향이 있음을 깨닫는다. 최종적으로 반드시 채택할 Alternative 4가지, 가능하면 추가하고 싶은 Alternative 2가지가 선택되었다.

Risk Management 면으로는 두 부문 모두 최종 소비자의 기호를 직접적으로 파악하지 못하고 있다는 점을 확인했으며, 이것을 최대의 리스크로 받아들이고 개발 과정의 작업을 개혁하기로 했다.

여기까지의 순서를 빈틈없이 거친다면 P→3 수준이다. 사업부장은 큰 만족을 표시한다.

V 사실 신제품 개발을 내부의 주도권 쟁탈 소재로 삼은 것 자체가 조직의 가치관이 얼마나 결여되어 있는지를 보여준다. 고객 제일을 지향하는 문화가 정착되어 있지 않은 증거로, 현재는 V

→1 수준이지만 앞으로의 노력으로 V→3의 계기를 만든다면 강력한 조직으로 변화해갈 것이다.

의사결정이 느린 회사들에 공통적으로 드러나는 결함 중 하나가 부문 간 대립이 나타날 때 처리 방법에 대한 공통의 규칙이나 규율이 없다는 점이다. 기능 부문별 대립, 본사와 사업 부문의 대립, 사업부끼리의 대립, 나아가 부서 간 대립이나 과별 대립마저 늘 발생하고 있어서 마치 적과의 동침처럼 보일 때도 있다. 이와 같은 골육상쟁, 즉 집안싸움을 하는 많은 사람들이 실은 개인적으로는 인격이나 사상 및 역량 모두 뛰어난 사람들이다.

그런 훌륭한 사람들이 자기 동료들과 파벌을 형성해 자신들의 이익만을 우선시하는 데 몰두하는 이유는 무엇일까? 그것은 큰 조직, 큰 단체일수록 목적 없는 내부 지향성을 지니기 쉽기 때문이다. 조직이 지나치게 비대하면 먼저 자기 주변부터 단단히 방비하려는 것은 본능이다.

앞에서 언급했듯이 혼다는 조직을 목적 집단으로 파악하고 있다. 혼다 직원들은 성능이 뛰어난 자동차를 만들고 싶다는 목적으로 모인 집단의 일원으로서 자기 자신을 파악하고 있는 것이다. 조직의 가치관은 고객이 정말로 기뻐할 자동차를 만드는 것이며, 이 가치관으로 사원들이 연결되어 있다. 모든 업무가 고객 지향을 전제로 해서 처리된다.

고객을 위해서라는 Objective가 공유되어 있다면 이번 사례처럼 대립은 발생하지 않는다. 설령 일어난다고 해도 목적을 서로 재확인함으로써 대립을 해소할 수 있다. Objective를 확인했다면 이제 프로세스 분석을 논리적으로 진행시키기만 하면 된다. 프로세스 분석 과정에서 Situation 파악에 대한 정보가 부족하다는 점이 밝혀질 것이므로 그 정보를 가능한 한 빨리 입수한다.

2001년 취임한 닛산 자동차 카를로스 곤(Carlos Ghosn Bichara) 사장이 취임 후 가장 먼저 한 작업은 부문 간의 주도권 싸움으로 기능을 제대로 발휘하지 못하는 조직을 고객 만족이라는, 외부로부터의 객관적이며 공통적인 가치 기준으로 개혁하는 일이었다.

TSPV 분석은 늘 객관적인 시점에서 우리 자신의 사고를 재확인하고 재평가하도록 요구하는 작업이기도 하다. 외부의 확실한 정보만 있다면 공통의 합의에 이를 수 있는 것을, 정보가 전무한 상태에서 대치해버리면 감정적인 갈등으로 발전하고 결국 의사결정이 지연되거나 애매하게 방치되기도 한다.

이 사례를 통해 배울 점은 조직적으로 TSPV 분석을 공유해나가다 보면 대립 중인 조직의 TSPV 현상에 대한 평가가 처음과 달리 점점 변화한다는 사실이다. 다시 말해서 TSPV 분석이 의사결정을 유연하게 변화시키며, 그것이 조직의 힘을 더욱 높인다는 점이다.

조직은 유산이나 문화로 인해 설립 초기의 TSPV 평가를 고정시키는 경향이 있다. 특히 T나 S 부분이 강하게 굳어지는데, 이것이 의사결정의 속도를 지연시키는 가장 큰 요인이다.

공무원 조직만큼 자기 부서의 이익을 지키기 위해 필사적인 곳도 드문데, 사실 불가사의한 현상이 아닐 수 없다. 국민의 이익을 지키기 위해서 만들어진 조직(행정기관)이 국민은 팽개치고 자신들의 이익을 위해 세금을 쓰려고 서로 싸우는 모습을 보면서 Objective를 방기한 반면교사로 삼아 늘 감시하지 않으면 안 된다는 생각이 강해진다. 우리 자신도 그런 길을 걷고 있지는 않은지 반성할 필요가 있다.

조직은 목적 집단이며, 가치 있는 일을 하고 싶은 사람들이 모이는 장으로서 필요한 곳이다. 그러나 조직이 효율적으로 움직이기 위해서는 지도자가 필요하며 기능의 분담도 필요하다. 그래서 부문이나 계층이 만들어지는데, 이것은 조직이 제대로 움직이기 위한 수단이다.

그런데 계층이 만들어지면 이 수단을 자기 목적으로 삼는 사람들이 나타난다. 승진과 더 많은 월급을 위해 높은 직책으로 올라가고 싶은 사람이 나타나게 마련이라는 얘기다. 이쯤 되면 수단이 개인의 목적이 돼버리면서 사유화된다.

이는 인간이 지닌 본능적인 욕구이므로 어느 정도 용인하지 않을 수 없다. 일하는 동기 역시 이 욕구에 의존하는 부분이 있다. 문제는 이것이 지나쳐서 본래 목적 집단의 방향에 부정적인 영향을 끼치기 시작했을 때다.

이런 경향이 나타났을 때 기업은 늘 Objective를 원점으로 돌이켜 재검토하지 않으면 안 된다. 즉, 출발점으로 되돌아가 재검토하고 재평가함으로써 조직은 건전성을 회복할 수 있다. 의사결정 역시 원점으로 되돌아가 살펴본다면 객관적이면서도 빠른 결정을 내릴 수 있다.

인맥을 중시하는 일본의 조직은 특히 세력권, 파벌이 생기기 쉬운 구조다. 개발부, 영업부, 인사부 혹은 사업부 파벌이 생겨서 사내 세력 쟁탈전이 은연중에 벌어진다. 패권을 장악한 파벌에 속한 사람이 승진할 때 유리한 것은 물론, 결과적으로 '저 회사는 ○○파, △△계가 강하다.'는 식으로 소문이 퍼진다.

이는 일본이 섬나라라는 지리적 속성으로 인해 기업이나 인재의 유동성이 지극히 낮기 때문에 일어나는 현상으로, 외부와의 싸움보다 내부와의 쟁탈을 우선하는 것이 큰 요인이다. 일본 시장은 다양한 장벽으로 보호되고 있어 국제화가 이루어지지 않은 시장이라고도 말하지만, 이 내부 지향성이야말로 조직의 국제 경쟁력을 약화시키는 심각한 요인임은 확실하다. 글로벌 경쟁 시대에 일본 기업의 안정성이 뿌리 채 흔들리고 있는 지금, 내부의 주도권 쟁탈에 열중하고 있어서는 안 된다.

글로벌 경쟁 시대에 고객 만족도로 주도권을 잡겠다는 자세를 Objective로 삼고 내부 대립을 극복해야 할 것이다. TSPV 분석으로 조직의 시야를 넓혀 나가자.

위험 지역으로 부하 직원을 파견해야 한다면

정보가 거의 없는 Situation에서 의사결정을 내릴 때는 Situation 분석과 프로세스 분석으로 파악한 항목을 열거하고 가설 수립 및 리스크 분석을 실행하는 습관을 들여야 한다.

사례

당신은 모 플랜트 설비 회사의 설계시공 관리자다.

당신 회사에서 설계한 화학 플랜트 설비를 납품한 고객의 공장에 화재가 발생했다는 긴급 연락이 왔다. 거래 회사는 동남아시아에 있으며 비행기로 5시간 이상 걸린다. 플랜트는 지금도 폭발 연소 중이어서 불길이 점점 더 확대되고 있는 상황이다.

당사가 납품한 설비는 원료의 정제 과정과 관련된 부분으로 인화성 재료를 취급하고 있다. 다행히 현재까지 인적 피해는 발생하지 않았으며 주변은 출입금지 상태로 화재 원인도 아직 밝혀지지 않았다.

고객은 화재의 확대를 방지하기 위한 대책을 세우고 싶으니 긴급히 설계담당자나 해당 설비에 대해 정확하게 알고 있는 사람을 오늘

중으로 파견해달라고 요청했다. 최초의 발화 현장이 당사가 납품한 설비 부근이 아닐까 추측하는 정도다.

당신은 부하 중 누군가를 파견하지 않으면 안 된다. 바로 떠오르는 인물은 A, B, C 세 사람. 이번 파견은 심각한 리스크가 따를 것으로 예상된다. 왜냐하면 공장에는 인화성이 강한 용제 탱크와 파이프가 산재해 있으며, 가스 배관이나 전기 설비도 복잡하게 얽혀 있기 때문이다.

원인을 조사하든 긴급조치를 하든 먼저 화재 현장에 최대한 가까이 접근할 필요가 있다. 더구나 현지에 도착하면 고객 대응뿐만 아니라 그 나라의 매스컴이나 현지 주민들의 조기 진화에 대한 압력이 가해질 것이므로 외부 대응까지 적절히 하지 않으면 안 된다.

세 명의 부하 직원들을 분석하면 모두 기술력은 높지만 긴급한 상황에 대처한 경험이 없어서 누구에게 맡기든 불안감을 해소할 수 없다. 그래도 오늘 중으로는 파견할 인물을 선정하고 내일 아침에는 출발시켜야 한다.

사내의 업무 조정도 필요하지만 위험을 동반하는 업무인 만큼 본인의 판단력, 행동력 그리고 무엇보다 가족의 이해 등노 고려할 필요가 있다. 당신은 '부하 직원을 보내느니 내가 솔선해서 가야 한다.'고 생각하지만 상관은 "책임이 어느 쪽에 있는지 확실하지 않으므로 아직은 당신이 출발할 단계가 아니다."라며 말리고 있다.

T   인재 선정에 투입할 수 있는 시간은 하루. T→1로 판단할 수 있으며, 이 시간을 무엇에 쓸 것인지가 중요하다.

S   보고로는 '전혀' 라고 해도 좋을 만큼 화재 원인이나 연소 정도를 파악할 수 있는 정보가 없다. 게다가 현장은 출입금지 상태이기 때문에 향후 자세한 정보가 들어올 가능성 역시 적다고 판단된다. S→0의 상태다. 한편 부하 개개인에 대한 Situation은 충분히 파악하고 있으므로 S→3이다.

S→0 상황에서는 어떤 정보가 필요한지에 대해 확실하게 항목을 정해두는 것이 중요하다. 즉, 정보를 수집하고, 그 정보의 질을 확보해야 적절한 조치를 빨리 취할 수 있다. 이 정도의 정보가 필요한데 현재는 얼마만큼 부족하다는 정확한 자기 인식이 절대적으로 필요하다.

P   정보가 전혀 없을 때일수록 Objective를 명확히 해둘 필요가 있다. Objective는 행동의 방향성을 명확하게 해주며 상황에 떠밀려 우왕좌왕하지 않도록 이끌어준다.

이 상황에서 당신 회사가 사원을 파견하는 목적은 어디까지나 화재 원인의 조기 발견에 협력하는 것과 연쇄 폭발의 방지, 그리고 당사의 설비에 원인이 있을 경우 조기회복 조치와 손해배상 교섭을 회사 측에 불리하지 않도록 진행시키는 것이다. 이를 위한 인재 선택이 의사결정 사항이다.

Alternative는 부하 A, B, C가 대상이다. 그리고 현재 중국 오지에 파견 중인 D도 활용할 수 있을 것 같다.

Criteria는 기술력의 적합성, 문제 분석력과 대처 능력, 정치적 절충 능력, 가족 환경 등을 들 수 있다. 비교 평가한 결과 A, B, C는 기술력은 있으나 정치적 절충 능력이 부족하며 또 아기가 태어난 지 얼마 안 되었다는 등 개인적인 고려를 할 필요도 있다. 그리하여 D의 활용이 최적이라는 결과가 나왔다. 당초 D를 파견한다는 아이디어는 전혀 떠오르지 않았으나 Criteria를 열거해나가면서 절충 능력이 뛰어난 D안이 나온 것이다.

리스크 분석을 진행하다 보면 무엇이 가장 심각한 리스크인지 드러난다. 지금은 현지의 진화 작업반이 화재 현장을 둘러싸고 경계만 하고 있으나 연소 작업을 위해, 또는 연쇄 폭발을 방지하기 위해 긴급 진화반을 편성, 투입시킬 가능성도 있다. 이 긴급 진화반에 참가해달라는 요청이 있을 경우 회사 측으로서는 거부할 수 없을 것이다. 당연히 신체와 관련된 리스크까지 발생한다. 이 리스크를 부하에게 지울 수는 없으므로 그때는 당신이 가는 것으로 결정한다.

프로세스 분석 결과, 파견은 D로 정하지만 긴급 진화반 편성 시에는 자신이 가는 것으로 결론을 내렸다. P→3이다.

V 목숨 걸고 일을 하지 않으면 안 될 때도 있지만, 개인의 처지에서 보면 일보다 생명이 더 중요한 것은 말할 필요도 없다. 목숨을 걸면서까지 업무를 처리했을 때 그 합리성이 인정되는

경우란 그렇게 함으로써 다수의 생명을 구했을 때뿐이다. 더구나 그런 경우조차 그 리스크를 짊어질 것인지는 본인의 가치관에 따라야 한다.

물론 파견될 부하에게는 생명과 신체의 리스크에 대해 최대한 주의하도록 지시하는 일이 중요하다. 또한 생명과 관련된 리스크를 짊어져야 할 필요가 있을 때는 당신이 직접 가야 할 것이다. 생명에 대한 가치관을 근거로 삼는 결정이 필요하다. V→3이 절대적으로 필요한 상황이다.

정보가 전혀 없는 Situation에서의 의사결정

12시간이라는 시간적 제약 속에서 현지에 대한 정보는 하나도 없다. 마치 조난 끝에 간신히 도착한 무인도에서 어떻게 할 것인가를 질문하는 것과 똑같다. 될 대로 되라는 식으로 무방비 상태에서 정글로 뛰어드는 행위는 대단히 위험하다. 이 사례를 통해 우리가 배워야 할 점은 긴급 상황에 대한 정보가 전혀 없는 경우의 TSPV 분석 및 활용방법이다.

여기서 제일 중요한 부분은 S를 집중 분석해 모르는 정보가 무엇인지 확인하는 작업이다. 정보를 확인할 때, 혼자서는 한계가 있으므로 관련자를 가능한 한 많이 집합시키는 것이 유리하다.

이 경우에는 파견 후보 세 명과 설비 관련 부문의 사람들을 긴급 호출해 단 1시간이라도 좋으니 무엇을 모르고 있는가, 무엇을 확인해야 하는가에 대한 회의를 열어야 할 것이다. 회의 내용은 현지 공장의 설비 배치도, 제품과 제조 과정, 재료의 종류와 처리 장치, 작동 시스템, 당사 설비의 가동 상황, 운전조작 조건, 오퍼레이터 그리고 주변을 포함한 발화 원인의 상정, 상정 원인별 가능성이 있는 발화 조건, 원인별 대처법 등인데 이를 중점적으로 분석한다.

물론 이 작업으로 화재 원인이나 대책을 얻지는 못하지만 현지에 도착해서 바로 실행해야 할 정보 수집이나 행동의 우선순위를 정할 수는 있으므로 임기응변이 아닌 계획된 행동을 취할 수 있다. 마찬가지로 현지에서의 절충 방법에 대해서도 구체적으로 고객, 대응 행동, 절충 내용 등을 목록으로 작성한다. 이런 식의 항목 열거는 프로세스 분석의 지침과 방향성을 시사해주는 데 아주 유용하다. 특히 리스크 분석을 빠짐없이 하기 위한 자료로 이 항목 목록이 대단히 유용하게 활용될 것이다.

다음은 현재 생각할 수 있는 각각의 화재 원인에 대한 검증 방법을 기록해나간다. 특히 이 경우처럼 현장과 멀리 떨어진 곳에서 확인할 수 있는 방법이 없는지 검토한다. 원인을 특정할 수 있을 때의 대책과 특정할 수 없을 때의 대책을 하나하나 작성한 뒤 대책 실시 과정에서 발생할 문제점도 기록해나간다.

필요한 정보가 적은 상황에서는 가설을 세우는 방법도 효과적이다. 가설은 얼마든지 상정할 수 있으므로 사실에 근접한 가설이 나올 가능성도 상당히 높다. 또한 가설을 세움으로써 현지에서의 조사 활동도 구체화하기 쉬워진다. 사실이 확인되지 않은 경우에는 리스크에 대한 가설 수립이 대단히 중요한 구실을 한다.

'혹시 이런 일이 일어났을지도 모른다.'

특히 Risk Management에서는 발생한 사태의 피해 정도에 주목해야 하며, 최악의 사태에 대한 대응을 철저히 준비하도록 한다.

바람직한 현상은 아니지만 요즘 세상에는 언제 어떤 위험에 직면하더라도 당황하지 않고 대처할 수 있는 만반의 준비를 해두지 않으면 안 된다. 테러는 만성화되어 있고, 지진, 해일 등의 천재지변이나 인재로 인한 사고도 많이 일어난다.

또한 기업이 해외로 활동 무대를 넓히고자 할 때 현지의 종업원이나 주민과의 껄끄러운 관계로 예기치 못한 오해나 소문이 나돌아 심각한 감정 대립을 불러일으키는 경우도 허다하다. 얼마 전에는 중국에서 반일 시위가 격화되면서 중국인이 주중 일본 대사관이나 일본인이 경영하는 식당에 돌을 던지는 사건까지 발생했다. 문화적 차이를 제대로 인식하지 못하고, 해서는 안 될 행동을 함으로써 결국 꼼짝달싹 못하는 심각한 상황에 빠지는 경우도 많다.

이런 경우는 대부분 정보를 제대로 파악하지 못했거나 문화적인 차이로 인해 사태를 전혀 예측하지 못하면서 함정에 빠진 것이다. 충분히 주의했는데도 상황을 제대로 파악하지 못해 함정에 빠지는 경우는 시뮬레이션 훈련이 절대적으로 필요하다.

고이즈미 준이치로(小泉純一郞) 전 총리의 2002년 북한 방문도 이런 경우에 해당한다. 북한 측의 실제 상황이나 심중은 장막에 가려져 전혀 파악할 수 없으므로 어떤 수가 나올지 예측이 불가능하다. 김정일 국방위원장이 어느 정도 정권을 장악하고 있는지조차 불투명하다. 이런 상황에서 납치 피해자의 귀국을 요구하며 총리가 직접 방문했다. 몇 명의 납치 피해자 귀국을 실현시킨 점은 높게 평가할 만하지만, 예측 가능한 사태에 대한 항목 열거와 가설 수립 등에 만전을 기했다고는 말할 수 없다. 고이즈미 전 총리는 내심 반성하고 있지 않을까 생각한다.

이렇게 불투명한 요소가 많은 상황에서 고이즈미 전 총리의 의사결정을 가장 강력하게 떠받쳐준 것은 자신의 가치관이었다고 볼 수 있다. 좋고 나쁘다는 평가 이전에, 외무성 관료처럼 단순히 플러스 마이너스 교섭으로 Situation을 파악하는 것이 아니라 일본 국민을 대표하는 사람으로서 일본인이 부당한 취급을 받고 있는 사태를 방치할 수 없다는 신념이 그로 하여금 행동으로 옮기게 만든 것이다.

정보가 거의 없는 상황에서 의사결정을 내릴 때는 Situation 분석과 프로세스 분석으로 파악한 항목을 열거한 뒤 가설 수립 및 Risk Management를 할 수 있게끔 습관을 들여야 하지만, 마지막 관건인 자기 가치관에 대한 강한 의지가 가장 중요하다.

● chapter **6**

우수한 인재가 갑자기 사직서를 제출했다면

퇴직에는 필연적이면서도 정당한 이유가 내포되어 있으므로 화부터 낼 일이 아니라 냉정하게 부하가 처해 있는 환경에 대해 판단하는 일이 중요하다.

사례

당신은 대기업의 연구개발 부문 매니저다.

경쟁 기업에 늘 뒤지던 화상 압축 및 검색 소프트웨어의 기술개발이 마침내 경쟁사를 앞지르는 수준에 도달, 드디어 시제품을 발표할 수 있는 단계에 이르렀다.

특히 부하 직원 M의 발상이 뛰어나 새로운 압축 방식을 개발할 수 있었고, 특허도 취득했다. 이 기술을 응용하면 세계적으로 주도권을 잡을 수도 있을 것 같다.

문제는 당사의 연구부와 사업부의 좋지 않은 관계다. 사업부는 개발부가 힘들여 개발한 기술을 진지하게 상품화할 생각은 않고 지금 당장 팔릴 물건에만 매달려 앞으로 팔릴 만한 상품을 키우는 일에는 흥미를 나타내지 않는다.

M은 예전부터 회사의 이런 분위기에 불만이 있었지만 이 압축 분야의 기술 습득을 위해 회사 부담으로 2년간 미국 유학을 다녀 왔으므로 설마 그가 사직하는 일은 없을 것이라고 당신은 믿고 있었다. 그런데 어느 날 갑자기 M이 당신을 찾아와서 이달을 끝으로 회사를 그만두고 싶다는 이야기를 꺼내며 사직서까지 내밀었다.

당신의 경험으로 봐서 문서로 자기 의사를 표시하는 경우는 철회할 가능성이 거의 없다.

M이 사직서를 낸 이유는 회사의 수직적 구조 때문에 의사결정이 자꾸 지연되는 것에 염증이 난 상태라 좀 더 역동적으로 일할 수 있는 조그만 회사로 옮기고 싶다는 것이었다. 재취업할 곳은 아직 정해지지 않았지만 언젠가는 벤처기업을 만들어 독립하고 싶은 꿈도 가지고 있었다.

요컨대 M은 이 회사의 대기업 고질병이 이미 치료 불가능한 상태이며, 10년 뒤에는 사업 부진에 빠질 것이고, 기술개발에 대한 투자는 거의 없을 것으로 예상하고 있는 듯했다. 사규에는 2주일 전에 사직서를 제출하면 언제든 퇴직할 수 있으므로, 그를 설득하는 데 어려움이 예상된다. 그가 회사를 그만두면 상품 개발에 끼칠 영향이나 연구소 및 타 부문에 미칠 마이너스 요소가 상당히 커서 당신의 지도력에도 바람직하지 않은 평가가 나올지 모른다.

T 퇴직 일까지는 2주일 정도가 남았다. 본인으로서는 갑자기 떠오른 생각이 아니라 잠재적인 기간까지 포함해 상당히 오랜 시간 숙고해왔을 것이다. 그것을 당신의 설득으로 번복시키기는 쉽지 않다.

본인의 처지에서 왜 사직할 마음이 생겼고 굳어졌는지, 그리고 향후 무엇이 중요한지를 파악해야 한다. 이를 고민하는 데 이틀 정도 필요하다면 T→2이다.

S 직접적인 Trigger는 M의 연구가 완성 단계에 이르러 일단락 지어지자 M은 자신감이 생겼던 것이다. 예전부터 회사의 수직적 구조에 불만을 느끼고 있었던 점도 놓칠 수 없는 Trigger다. 당신 역시 이 조직의 낡아빠진 수직적 체질이 시대가 요구하는 스피드에 심각한 장애물임을 잘 인식하고 있으며, 지금까지 여러 차례 상부에 개선책을 제안해왔다. 따라서 조직의 Situation에 대해서는 대체로 파악하고 있으므로 S→3, M과 동일한 인식이다. 즉, 부하 직원 M의 마음을 충분히 이해한다.

그러나 M이 퇴직 쪽으로 갑자기 마음이 기운 점에 대해선 관리자의 불찰로 부하 직원을 제대로 파악하지 못했다는 말이 된다. 그의 심리적 변화에 대한 실상은 전혀 알 수 없으므로 S→1 수준이다.

다시 한번 그에게 퇴직을 결심한 이유와 과정을 솔직하게 들어볼 필요가 있다. 사심 없이 이 부분을 확인하기 위해서는 가능하면 장소를 바꾸어 그의 심정을 천천히 들어봐야 할 것이다. 프로세스 분석 때 이 정보가 아주 중요한 기능을 한다. 이야기를 들은 뒤 하룻밤을 투자, 프로세스 분석을 행한다.

누구의 처지에서 Objective를 설정할 것인가. 상관인 당신, 회사, 부하 M의 처지에 따라 답변이 바뀔 수도 있다. 당사자의 장래에 가장 바람직한 해답을 얻을 것, 그리고 회사도 M같은 인재를 잃지 않고 이 사태를 진정시킬 것, 이 두 가지를 실현할 수 있는 해결책을 찾아내는 것이 Objective다. 이 이율배반적인 Objective가 성립할지에 대해서는 프로세스를 거치며 분석해봄으로써 비로소 알게 될 것이다.

Alternative는 다음과 같다. 경영자나 간부들이 회사의 수직적 구조의 폐해를 인정하고 속도 면에서 위력을 발휘하는 기능횡단(Cross Functional) 활동을 도입하는 방법, 혹은 M과 당신이 일심동체가 되어 조직 개혁을 시도하고 개발 프로젝트의 조직 간 기능횡단 활동을 자율적으로 추진하는 방법, M의 업무를 사장 직속으로 배치해 조직과 분리된 프로젝트로, 즉 자회사 형식으로 독립시키는 방법 등을 생각할 수 있다.

전 단계인 Situation 분석이 제대로 이루어진다면 사직하려는 M의 마음을 번복시킬 수 있는 새로운 Alternative가 나올 수도 있다.

Criteria는 조직의 이익 및 당사자의 성장과 이익, 조직 간의 장벽을 얼마나 무너뜨릴 수 있는가, Alternative가 찬성표를 얻을 가능성, 핵심 인물의 지원 등이다. 이 경우 조직 간의 장벽이 사라진다면 회사나 개인에게도 바람직한 일이므로 건전한 조직 구조로 변화시킬 수 있는 Alternative가 선택될 것이다. Risk Management에서는 Alternative가 이상적이더라도 그에 반대하는 저항 세력의 존재를 확인한다. 기존 권력을 유지하려는 보수파의 존재가 리스크이며, 이들을 아군으로 끌어들이는 작업이 Risk Management임을 알 수 있다. 그리고 리스크에 대응해야 하는 현실과 노력에 대한 가치 등에 M이 어느 정도 협력하고 노력할 수 있을까, 이것이 M의 심리에 대한 Risk Management다.

이처럼 M과 함께 프로세스 분석을 해나가는 작업은 M을 위해서도 반드시 필요하다. 보수파는 회사를 아무리 개혁해도 늘 존재하는 것, 이들과 잘 싸워서 주도권을 장악하는 일이 업무의 중요한 요소라는 사실도 깨닫게 될 것이다. 이것이 그의 퇴직을 번복시킬 수 있는 유일한 Trigger가 된다. 당신은 M을 위해 좀 더 빨리 이런 대화를 나누었어야 했다고 반성하게 될 것이다.

프로세스 분석은 당신과 M의 생각을 정리하기 위해 절대적으로 필요한 작업이다. 그럴 시간도 충분하다. P→3이다.

V 부하 직원의 인생과 관련된 선택을 할 때는 당신의 가치관까지 도마에 오른다. 우수한 부하 직원이 회사를 그만두면 출세에 막대한 지장이 생긴다고 생각하는 상관에게 부하 직원은 결코 마음을 열지 않는다. 자신의 인생을 진심으로 생각하고 지원해주는 사람에게 그들은 비로소 속내를 털어놓고 상담할 것이다.

앞에서 혼다자동차의 목적 집단에 대한 이야기를 했는데, 모든 것의 기본은 '자신의 인생이 가장 소중하다.'는 생각이므로 서로 이런 견해를 인정해야 비로소 진정한 대화가 이루어진다. V→3이 아니면 대화가 이루어지지 않는다는 점을 명심하자.

가치관이 큰 의미를 차지하는 의사결정

우수한 직원이 퇴직하겠다는 말을 꺼낸 시점에서 이미 때늦은 이야기다. 실점은 정해진 것으로 깨끗이 받아들이고 향후 이런 일이 일어나지 않도록 명심하는 것이 중요하다.

그러나 시간적으로 여유가 있으므로 반성하는 의미에서 Situation 분석 및 프로세스 분석을 M과 함께, M의 처지에서 실행해야 한다. 퇴직 의사를 번복시키겠다는 기대는 잠시 접어두고 프로세스 단계를 하나씩 정확하게 거쳐 나가면 본인이나 회사에 유익한 해답을 얻게 될지도 모른다. 간혹 부하 직원의 사직서를 받아 쥐고는 아무런 반응을 하지 않고 입을 꾹 다물어버리는 관리자도 있다. 부하 직원의 처지에서 보면 이 역시 자기밖에 생각하지 않는 이기적인 상관이므로 회사를 그만두고 싶은 마음이 점점 더 강해진다.

Situation 분석을 할 때 본인의 속마음이나 사정을 솔직하게 전해 듣기는 어려운 일이라고 각오해야 한다. 인생의 진로를 바꾸려고 결심했을 때는 다양한 요인이 뒤얽혀 있다. 한 가지 요인으로 인생의 진로를 바꾸려는 것이 아니다. 어떤 것이 계기로 작용했다고 해도 그 자체가 원인이 아닐 수도 있고, 진정한 원인이 달리 잠재되어 있을 수도 있다. 이런 부분을 본인조차 인식하지 못하고 있는 경우도 많다.

따라서 먼저 서로의 감정을 솔직하게 털어놓을 수 있는 분위기를 조성해야만 대화가 원활하게 진행된다. 상대의 마음을 부드럽게 위로할 단어를 준비해 ‘언젠가는 이런 말이 나오지 않을까 생각하고 있었네.’, ‘그만두는 이유를 좀 더 자세히 설명해주지 않겠나?’, ‘이런 결심을 하게 된 계기는 무엇이고 언제쯤이었지?’ 라는 식으로 질문한다.

이때 상대방에게 진심으로 공감하는 태도가 중요하다. 다른 회사로부터 전직 제안을 받고 있을 경우, 본인이 직접 그 사실을 털어놓는다면 제대로 대화가 진행되고 있다는 증거다.

만일 당신이라면 어떻게 생각하고 행동할지를 상대방의 처지에서 시뮬레이션 해본다. 충분히 수긍할 만한 부분이 있다면 그에 대해 솔직하게 표현한다. 정말로 좋은 일을 할 수 있는 기회라면 축복해줄 필요도 있다. 또 상대방을 위해 좋지 않은 점이 보인다면 솔직하게 의문을 제기한다. 이때 반드시 명심해야 할 부분은 서로 윤리적인 규칙을 침범하지 않는 것이며, 사리에 어긋날 경우 이를 지적하는 것도 잊어서는 안 된다.

교훈

애써 키운 부하 직원이 사전에 아무런 상의도 없이 사직서를 제출했을 때, 그 자리에서 벌컥 화를 내는 상사도 있다. 그러나 그런 부하 직원으로 키운 사람은 다름 아닌 그 상사이므로 오히려 자신의 매니지먼트 능력에 화를 내야 할 것이다.

퇴직에는 필연적이면서도 정당한 이유가 내포되어 있으므로 화부터 낼 일이 아니라 냉정하게 부하가 처해 있는 환경에 대해 판단하는 일이 중요하다. 이 판단을 짧은 시간 안에 실행, 자신의 의사결정을 신속하게 하지 않으면 안 된다.

여기서 절대로 해서는 안 되는 행위는 '장기적으로 볼 때 회사에 남는 것이 자네에게 유리하네.', '세상에는 불운한 환경에서 부단한 노력으로 성공한 사람이 더 많다.'라는 식의 일반론을 강요하거나 '내 처지도 생각해주게.' 혹은 '내년엔 어떻게든 자네를 밀어주겠네.'라고 말하며 퇴직을 번복시키려고 애쓰는 것이다.

이런 시도는 부하 직원과 조직 모두에게 최선의 결론을 이끌어내겠다는 Objective가 완벽하게 결여된 데서 연유한다.

우수한 부하 직원을 붙잡기 위해서는 낡아빠진 사내 제도나 풍토를 개혁하지 않으면 안 된다. 조직은 끊임없이 환경에 적응하며 문화나 규칙을 바꿔나가지 않으면 살아남을 수 없다.

일본의 내로라하는 기업에서 일하던 사람이 우리 컨설팅 회사에 입사를 희망, 채용을 결정했을 때의 경험이다. 그는 오랫동안 사내의 희망 부서로 배속시켜줄 것을 요구했지만 이루어지지 않자 마침내 전직까지 결심하기에 이르렀다. 우리 회사로 입사가 내정된 뒤 회사에 사직서를 제출하자, 상관이 즉각 인사과와 교섭을 벌여 사내 인사 이동 규칙까지 바꾸면서까지 본인의 희망을 관철시켜 주었다고 한다.

그리고 이런 사례가 적지 않을 것이라 판단하고 그럴 경우에 이용할 수 있는 '본인 신고 제도'를 더욱 활성화하는 방향으로 의사결정이 이루어졌다고 한다. 이 기업은 세계적으로도 널리 알려진 유명한 회사인데, 이런 거대 조직에도 Situation을 파악해내는 감성, 프로세스 분석의 스피드, 의사결정과 행동의 스피드가 이렇게 유연하고 빠를 것이라 예상하지 못해서 당시에는 상당히 감탄했으며 세계 초일류 기업으로 인정받을 만하다는 생각을 했다.

당신 혼자서 거대 조직을 어디까지 변화시킬 수 있을까? 물론 누구도 확실하게 답할 수는 없다. 그러나 결과가 어찌 되었든 당신은 굳은 신념으로 조직이 나아가야 할 방향에 대한 진언을 계속해야 할 것이다. 당신과 뜻을 같이하는 동료가 늘어나면 그만큼 세력이 커지며 조직 개혁의 강력한 토대가 된다.

조직이란 시간과 함께 항상 퇴화해간다. 그래서 변혁을 멈추어서는 안 된다. 조직 개혁에 대한 신념과 부하 직원의 성장을 생각하는 마음이 부족해 부하 직원의 퇴직까지 야기했다고 생각하고 자신의 매니지먼트를 반성하는 기회로 삼아야 한다.

chapter 7

실적 부진 사업장으로
전근 명령이 떨어졌다면

개혁을 시도할 때 가장 중요한 요소는 강력한 의지를 지닌 단 한 사람의 인재다. 그가 행동하면 정론을 추구하는 사람들이 반드시 모여든다.

사례

오랫동안 실적 부진으로 고전하고 있는 사업장의 총무 담당으로 전근하라는 인사 명령이 당신에게 떨어졌다. 개발, 제조, 영업부까지 거느린 꽤 큰 사업장이지만 장기간 채무불이행 상태가 지속되면서 이른바 '도덕적 해이가 심각한 지경이니 자리를 옮겨 개선시키라.'는 것이 본사 인사담당의 특별한 의뢰였다.

현장에 도착해보니 소문대로 실적 부진 사업장에 공통적으로 나타나는 문제점들이 속속 눈에 들어왔다. 서로 인사를 하지 않는 것은 물론이고 청소 상태도 엉망이었으며, 책상 위는 온통 어질러져 있고 회의가 제시간에 시작되는 일이 없었으며 지시 사항도 철저하지 못하고 보고도 제대로 이루어지지 않았다. 또한 사원들의 표정은 하나

같이 어둡고 긴장감은 찾아볼 수 없었으며 업무 태도 역시 야무진
데가 없는 등 문제점이 끝이 없었다.

즉각 총무라는 위치에서 사업장의 간부들에게 문제점과 개혁에 대
한 미래상을 질문했다. 아니나 다를까, '처음부터 채산이 맞지 않는
사업을 이쪽으로 떠넘겼으니 사업 부진은 불을 보듯 뻔한 것 아니
냐? 어쩔 수 없다. 만년 적자이니 직원들의 사기가 오르지 않는 것
도 당연하다.'는 식의 자포자기 의견이 속출했다. 한 술 더 떠 '이런
분위기에서도 우리는 최선을 다하고 있다.'는 의견까지 들려온다. 다
들 자신의 의지와는 상관없이 운 나쁘게 외딴 섬으로 표류했다고 생
각하는 듯하다. 마지막으로 이런 충고까지 해준다.

"자넨 우리가 예전에 그랬던 것처럼 개혁의 의지를 불태우며 찾아
왔겠지만 이곳 직원들은 본사에 대한 불신감이 아주 강해서 자네 뜻
대로는 움직여주지 않을 걸세."

"자네의 개혁 의지를 방해할 생각은 없지만 너무 과격하게 나오면
고립당하고 말 걸세."

순간 암담해지면서, 잠시 상황을 살피며 조용히 지내는 것은 어떨
까라는 생각도 했다. 그러나 흐트러진 규율은 이미 도를 지나친 상태
라 부임 직후 어떤 조치든 취하지 않으면 이후에 주의를 주는 것조
차 어려워질지 모른다. 그렇다고 책상을 돌며 모든 사람에게 일일이
주의를 주다가는 '또 시작했군, 의례적인 시찰' 혹은 '오래 버티지
못할 테니 적당히 대응하자.'는 식으로 대충 넘어갈 분위기다.

자, 도대체 어떻게 해야 할까?

T　이 상황은 자신에게 주어진 시간이 어느 정도인지 판단조차 내리기 어려운 최악의 경우라 할 수 있다. 규율 위반에 대해서는 위반 순간, 즉각 주의를 주지 않으면 효과가 반감하므로 절대적으로 T→0의 대처가 필요하다. 지금까지의 관습을 고수하기 위해 일부러 담배를 물고 이슬렁거리며 신임자에게 도전적인 자세로 나오는 사람도 있으므로 가볍게 보여서도 안 된다.

요컨대 조직의 정체된 분위기나 의욕 상실은 대개 지도자의 지도력 부족에 의해서 야기된다. 이들 지도자의 피해 의식을 개혁하는 데 소요되는 시간이 어느 정도일까 판단하기는 사실 대단히 어렵다. 3개월 이내에 사업장의 분위기를 쇄신시킬 수 없다면 당신 역시 무기력해질 것이며, 결국 다른 리더들과 똑같이 나태해질 것으로 판단된다. 3개월 정도의 시간이라면 T→3으로 볼 수 있다. 현장에서 즉각 대응한다는 안은 T→0, 간부 변혁이라는 방안은 T→3, 이 둘에는 깊은 연관성이 있다. 둘 중 하나가 실패하면 양쪽 모두 무너져버릴 것이다.

S　흐트러진 규율, 도덕적 해이 등에 대한 실태 파악은 매일 이루어지므로 S→3이다. 남몰래 저지르는 행위까지 감안하면 S→2로 점수를 매기는 쪽이 현명할지 모른다.

문제는 리더인 고위 간부직 10명의 속마음에 대한 파악이다. 확실한 불만분자와 심정적으로는 개혁파이나 분위기에 따라 행동하는 사람들을 나누어 생각해야 한다. 물론 처음부터 지도력이 전혀 갖춰지지 않은 간부도 있을 수 있다. 그들 개개인이 왜 의욕을 상실하게 되었는지에 대한 경과 분석도 중요하다. 지도력에 대한 Situation 파악은 거의 이루어져 있지 않으므로 S→1로 판단한다. 적어도 2주일 내로 이에 대한 정보를 입수하고 싶다. 2주일 뒤에는 S→2 수준으로 끌어올리고자 결심한다.

P 먼저 흐트러진 규율인데, 사원으로서 어떤 것들을 지켜야 하는지에 대한 기준이나 안내서가 있지만 문제는 실행하지 않는 것이므로 당분간은 현장 순회 방법으로 지도한다. 자율적으로 실행하도록 만들기 위한 프로세스 분석은 잠시 뒤로 미룬다.

관리직의 개혁에 대해서는 먼저 프로세스 분석을 행한다. 이것이 가장 먼저 해야 할 작업이다.

Objective는 3개월 뒤에 실현하려는 사업장의 이상적인 모습을 설정하는 것이다. 간부직 10명이 모여 사업장의 채산성 회복을 위해 허심탄회하게 대화한 뒤 합의를 이끌어낼 것이며, 이를 통해 새로운 사업 목표를 정하고 나아가 사업장의 직원들에게도 개혁 실행을 선언하는 것이 얻고자 하는 성과다.

종업원의 규율이 확립된다고 해서 바로 실적이 향상되는 것은 아니다. 원인과 결과의 관계로 생각해보면 간부들의 의욕 상실이 규율의 혼란을 초래하고 있음은 확실하다. Situation을 파악하기 위해 노조 지부장과 이야기를 나눈 결과, '우리도 좋아서 그렇게 늘어져 있는 것은 아니다. 사실은 의욕적으로 일하고 싶다.' 는 것이 직원들의 속내다.

다음은 Alternative 구상하기인데, 안은 대개 다음과 같다.

- 사업소장과 고위 간부 10명이 중심이 되어 사업장 재생 방안을 다시 한번 구상한다.
- 조직 간의 기능횡단팀을 제품 라인별로 편성해 사업소장에게 보고한다.
- 젊은 층이 죽심이 되어 수익개선팀을 각 현장에 만들어 그들로 하여금 개선안을 현장에서 즉각 제안하게 하며 사업소장도 즉시 결재하는 현장주의를 채택한다.

사실 이런 Alternative는 과거에도 여러 번 도입되었지만 모두 도중에 흐지부지돼버렸던 것이다.

무엇을 Criteria로 설정해야 할까? 개혁에 대한 의지가 시들해진 간부들에게 생기와 의욕을 불러일으키는 것이 가장 중요하다. 사실 이런 일은 서구의 기업에서는 있을 수 없는 이야기다.

실제로 닛산 자동차에 부임한 카를로스 곤 사장이 제일 먼저 착수한 작업은 열심히 일하지 않는 관리직을 자르는 일이었다. 외국의 기업들은 이런 무기력한 인물들에게 즉각 전근이라는 조치를 취하는데, 일본 기업에는 본인의 자각을 끈질기게 기다린다는 전통적인 문화가 있다.

Criteria는 고위 관리 10명에게 강한 압력을 가할 것, 조직이 가진 지혜를 실적 개선에 최대한 활용할 것, 노동조합의 협력을 얻을 것, 고객의 관점에서 사업 내용을 개혁하고 개선할 것, 의사결정이 효율

적으로 이루어지고 실행하기 쉬울 것, 그리고 감시하기 쉬울 것, 3개
월 안에 사업장에서 개혁안이 시행될 것 등을 들 수 있다.

첫 번째, 사업소장과 고위 관리만으로 실행하는 Alternative는 과
거와 마찬가지로 그들의 시들해진 마음을 되살리지 못할 것이므로
Criteria에 합치하지 않는다.

두 번째, 제품 라인별 기능횡단팀 편성안은 고객의 영향력까지 도
입하면 상당한 효과가 기대된다. 각 기능의 주축이 될 인재를 투입
한다면 개혁의 계기로도 작용할 것 같다. 그러나 이것만으로 기능
간의 수직적인 두터운 장벽을 무너뜨릴 수 있을지 불안하다.

세 번째, 현장개선팀의 적극적인 활동으로 조직 전체의 개혁 의지
를 계속 고양해나가지 않으면 안 된다. 그러므로 두 번째, 세 번째
안을 동시에 추진하는 것으로 의사결정을 내린다.

리스크는 고위 간부들이 이러한 개혁 활동에 적극적인 반응을 보
이지 않거나 경우에 따라서는 반대하는 것이다. 이 부분은 어떻게
해서든지 억누르지 않으면 안 된다.

당신은 지금까지 혼자서 프로세스 분석을 꾸준히 해왔지만, 자신
의 힘만으로는 T→3의 기간 안에 간부들을 설득할 수 없음을 깨달
았다.

V 책임감 결여, 도전의식 부족, 피해 의식에 젖어 있는 고위
관리들은 조직을 위해 자신들의 태도를 180도 개선하지 않
으면 안 된다. 사실 이 부분은 이들보다 더 높은 상층부의 직무 권한
과 관련된 의사결정이지만, 위로부터의 지도가 제대로 이루어지지

않는 경우는 흔하다.

이런 상황에서는 수평적, 혹은 아래로부터의 압력을 가할 필요가 있는데, 이때 기죽지 않고 솔직하게 의견을 주장하려면 사실 큰 용기가 필요하다. 개인적인 리스크를 생각해 망설이면 공격 시기를 놓치고 결국 중도에 좌절한 선배들과 똑같이 될 위험성도 높다.

V→3 수준으로, 자신의 가치관이나 의지력에 기댈 필요가 있다. 이 경우에는 사업소장에게 허심탄회하게 제언해야 하며, 또한 그를 움직이게 하려면 본사에서의 영향력 행사도 필요한데 이것이 큰 구실을 한다.

조직 변혁을 위한 의사결정

의사결정 스피드가 느리다고 비판받는 조직에는 대체로 두 가지 현상이 나타난다. 하나는 개별적인 과제에 대한 의사결정 속도가 다른 회사나 조직에 비해 느리다는 점. 또 하나는 전략이나 사업 지침 및 그에 따르는 조직적 행동 등이 좀처럼 명확하게 합의, 결정되지 않는다는 점이다. 이 두 가지는 서로 밀접하게 관련돼 있지만, 전자는 고객의 눈에 잘 드러나고 후자는 조직 안에서 선명하게 느낄 수 있다는 것이 차이점이다.

개별적인 의사결정이 늦어지는 이유는 '확실한 정보를 빨리 포착할 수 없다.', '프로세스를 일일이 거치며 분석하는 것이 불가능하다.', '조직의 이익이나 개인적인 이익의 대립이 해소되지 않는다.',

'리스크를 동반하는 결정에 기세가 꺾인다.' 등 지금까지의 TSPV 분석으로 어느 정도 이해했으리라 생각한다.

여기서는 조직의 체질 변혁을 어떻게 하면 조기에 실현할 수 있는지에 대해 살펴보도록 하자.

먼저 체질 전환이라는 단어의 의미에 대해 생각해보자. 조직의 체질은 그 조직이 지금까지 누적해온 행동을 통해 형성된다. 성공 체험이나 실패 체험을 통한 학습이 전 구성원에게 공유되고 전승되면서 조직의 견해나 행동 방침의 규범으로 만들어진다. 이를 조직 문화라고 표현하는 사람도 있다. 따라서 이 과거의 조직 문화가 체질 변혁을 하는 데 첫 번째 장벽으로 등장한다.

그런데 왜 체질 전환이 요구되는가? 그것은 과거의 체질이 새로운 시대의 변화에 미처 적응하지 못하기 때문이다. 의식 변혁을 하라는 말은 시대의 분위기와 현재의 회사 체제 및 체질과의 간격을 인식하라는 의미다. 즉 전략이나 사업 지침, 조직의 행동 규범을 시대에 맞는 적합한 것으로 변혁해나가라는 뜻이다.

신속하게 체질을 개혁하고 의식을 변혁하기 위해서는 환경의 변화, 특히 경쟁사나 고객 및 사회의 변화를 체감하고 그에 대한 인식을 실시간으로 새롭게 바꿔나가지 않으면 안 된다. 즉, Trigger와 Situation을 얼마나 빨리 파악하느냐에 비례한다. 조직으로서의 외부 지향성을 높이고 외부의 정보를 폭넓게 공유해나가는 것이 불가결한 요건이며, 특히 외부 환경에 대한 Situation 파악을 강화하는 일이 무엇보다도 중요하다.

다음의 장벽은 현 체제를 유지해야만 개인적인 이익이 보호되는 사람들, 혹은 집단의 존재다. 이 개인적인 이익, 혹은 집단의 방해 공작은 단기적으로는 성공할지 몰라도 결코 오래가지 못한다. 조직 전체에 Objective를 명확하게 설정해나가는 작업은 조직 및 사회와 조화를 이룬 개인의 이익 추구를 조기에 실현해준다. 그렇기 때문에 프로세스 중에서도 이 Objective 논의를 활성화하는 것이 무엇보다 중요하다.

미지막 장벽은 리스크가 두려워서, 혹은 피하고 싶은 마음에서 벌어지는 조직적인 망설임이나 주저함이다. 돌다리를 두드려 보고도 건너지 않는, 즉 조금이라도 리스크가 있는 곳에는 가까이 가지 않겠다는 절대 안전주의 사고가 조직의 문화로 뿌리 깊게 자리 잡은 경우다. 이는 감점주의를 강하게 시행하는 조직에 현저히 나타나는데, 경쟁을 벌이기 직전까지 절대로 스스로 손대지 않으며 자기 판단도 내리지 않겠다는 의도에서다.

타율 3할을 확보하면 선두 타자라는 생각이 이런 조직에서는 절대 받아들여지지 않는다. 조직의 의사결정이 신속한 기업은 Risk Management에 대한 조직적인 규율을 가지고 있다.

'실패를 두려워하지 말라. 그렇지만 똑같은 실패는 하지 말라.'

'리스크가 낮은 Alternative는 채용하지 말라.'

'리스크가 제일 높은 Alternative를 채용하고 Risk Management를 철저히 하라.'

이는 혼다자동차에 지금까지 전해지고 있는 규칙이며, 그 결과 도전적인 의사결정도 신속하게 이뤄진다.

마지막으로 정리해보면, 조직 전체가 TSPV 분석을 실행한다면 조직의 외부 지향성은 물론이고 조직의 개방화가 이루어지면서 결국 체질 개혁이 촉진되는 결과를 가져온다.

당신은 아무리 업적 부진, 도덕적 해이가 심각한 현장에 내던져도 낙담할 필요가 없다. 오히려 자신의 능력을 키울 수 있는 멋진 기회를 만났다는 점에 감사해야 한다.

도무지 손쓸 수 없을 정도로 부패한 듯이 보이는 조직이라도 당신의 개혁 의지, 열정으로 반드시 조기에 조직 문화를 바꿀 수 있다. 나는 지금까지 사업 부진 사업장의 재생을 수도 없이 컨설팅해왔으며, 리더에게 그럴 의지만 있다면 1~2년 안에 대부분 우량 사업장으로 다시 태어난다는 소중한 체험을 했다.

개혁을 시도할 때 가장 중요한 요소는 강력한 의지를 지닌 단 한 사람의 인재다. 그가 행동하면 정론을 추구하는 사람들이 반드시 모여든다. 왜냐하면 많은 사람들이 대세에 영합하듯 행동하는 것처럼 보이지만 실은 환경 변화에 적응하기 위해, 고객과 사회를 위해, 조직의 구성원이나 회사를 위해 뜻있는 일을 하고 싶다는 생각을 가지고 있기 때문이다. 개혁에 적극적인 그룹이 형성되기 시작하면 한 사람이 둘, 둘이 넷으로 가속도가 붙으면서 동지가 늘기 시작한다.

한편 보수파는 눈에 띄지 않는 곳에서 방해 공작을 개시한다. 면종복배(面從腹背), 즉 겉으로는 복종하는 척하며 내심 어깃장을 놓는 공작이 교묘하게 이루어진다. 즉 '총론 찬성 각론 반대!', '지금은 무리!', '어쩔 수 없다.', '그 정도의 힘은 아직 없다.', '나는 찬성하는데 합의가 이루어지지 않는다.' 는 식으로 다양한 변명만 늘어놓는다.

보수파는 자신의 사적인 이익을 넘어서서까지 조직의 이익을 우선하는 일은 원하지 않는다. 또 이런 사람들은 좀처럼 자신의 생각을 바꾸지도 않으며 조직 전체가 개혁의 박차를 가했을 즈음에야 간신히 따라오는 인물들이다.

이번 경우는 총무를 담당하는 당신이 매일 현장에 나가 진지하게 규율 위반을 지적하고 주의를 줌으로써 당신의 신념에 공감한 현장 직원들이 규율을 회복시켜 나갔으며, 이런 움직임은 노조까지 움직이게 했다. 나아가 젊은 중핵 사원들의 기능횡단적인 활동을 활성화했으며, 예정대로 본사의 지원 사격까지 이루어지면서 개혁 지침이 의사결정되었다.

2년 뒤, 이 사업장은 예전의 '실적 부진 사업장' 이라는 오명을 벗고 최우수 사업장으로 거듭났다.

chapter 8

고객이 위반 행위를
은근히 요구한다면

윤리적인 위반 행위를 조기에 파악하고 신속하게 처리하는 일은 조직의 존속에 불가결한, 우선순위가 가장 높은 과제라 할 수 있다. 이것을 추진하는 원동력은 가치관이다.

사례

당신은 화장품 제조회사의 영업 담당자다.

당신이 몸담고 있는 영업부는 오랫동안 사업 부진으로 골치를 앓고 있는데 실력파로 알려진 부장이 부임하면서 실적이 급상승하고 있다. 부장은 대단한 행동파로 의자에 앉아 있을 시간도 없이 늘 거래처를 돌아다니며 큼직한 상담을 성사시킨다.

얼마 전에도 대형 판매 체인점의 구매 책임자를 직접 찾아가 거액의 계약을 성공시켰는데, 할인율이나 지불 조건에 대해 특별한 조건을 내거는 것도 아니고 특별한 접대를 하는 것도 아니다.

영업부 직원들을 모아놓고 '하면 된다는 것을 내가 실적으로 증명하고 있지 않나. 자네들도 안 될 리가 없다.'며 질타와 격려를 번갈아가며 한다. 판매 기술에 대해 가르쳐 달라고 하면 영업이란 오로지 의지를 관철시키는 일이며 기술 같은 건 없다는 대답이다.

당신 역시 스스로 반성하며 더욱 열심히 영업을 펼치던 중 한 고객이 거래량을 늘리는 대신 개인적으로 리베이트를 줄 수 없느냐는 요구를 해왔다. 우리 회사는 전통적으로 개인에 대한 리베이트 반환이 금지되어 있다고 정중히 거절하자, 그가 의외의 사실을 전해줬다. 즉 '리베이트 금지에 대해선 잘 알고 있으나 최근 같은 업종의 업자들로부터 당신 회사가 업계의 관행을 받아들여 개인 리베이트를 제공하기 시작했다.'는 정보를 들었다. 그래서 이런 제안을 한다는 이야기다.

그에 의하면 화장품 업계는 일반적으로 어떤 형태로든 구매 담당자에게 리베이트를 제공하며, 이것이 업계의 관행이라는 사실은 잘 알고 있지 않느냐는 말이다.

새로 부임한 부장이 거액의 계약을 따낸 거래처는 구매 담당자의 권한이 사내에서 강하며 거래 회사에도 거만하게 구는 것으로 유명하다. 우리 회사와도 부장이 계약을 성사시키기 전까지는 그저 인사치레 정도의 거래밖에 이루어지지 않았는데 업계에는 구매 담당자의 리베이트 요구에 응한 끝에 거액 거래가 이루어졌다는 소문이 널리 퍼져 있다. 당사의 윤리 강령은 개인에 대한 리베이트 제공을 엄격하게 금지하고 있다.

현 단계에서 부장이 리베이트 제공을 했다는 확실한 증거는 없다. 만일 제공했다고 해도 방법이 아주 교묘하므로 증거를 포착하기는 불가능해 보인다. 사실 업계의 관행이 뿌리 깊어서 우리 회사만 리베이트 제공 금지를 성실하게 지킨다면 더 이상의 판매 확대는 불가능하지 않느냐는 의견도 있다.

당신은 먼저 부장에게 담당 고객이 리베이트 제공을 요구한다는 사실을 보고하고 제공 가능성을 확인할 생각도 했지만, 부장의 부정을 빈정대는 것으로 비칠 가능성이 있다.

담당 고객에게도 회사 차원에서의 답변을 확실하게 제시하지 않으면 안 된다.

TSPV 분석

T 고객에게는 당신 회사의 방침을 전하지 않으면 안 된다. 늦어도 일주일 이내에 답변해야 할 것이다. T→2 정도의 여유가 있다.

S Trigger는 고객으로부터의 정보인데, 이는 어디까지나 전해들은 이야기이므로 어디의 누가 정보원인지는 알아낼 수 없을 것이다.

회사 내부의 정보로는 어떤 것이 있을까? 부장이 개인 리베이트를 제공했을 가능성도 생각할 수 있지만 증거도 없는 상태에서 물어볼 수는 없다. 혹시 다른 직원이 제공하고 있을지도 모른다. 현 단계에서는 S→0이다.

이 단계에서 회사의 윤리 강령이 조직 내에서 얼마나 철저하게 실천되고 있는지 Situation을 분석할 필요가 있다. 표면상의 방침에 불과한가? 사원 모두 진지하게 임하고 있는가? 혹은 개인에 따라서 다른가? 이 부분은 S→3으로 볼 수 있다.

P 이 경우 의사결정의 주제는 무엇인가? 확실하게 드러난 주제는 리베이트를 요구한 고객에게 제시할 Yes, No의 답변을 선택하는 것. 조직으로의 답변이 요구되고 있다.

Alternative는 Yes 또는 No의 답변. 그리고 애매모호하게 답변해서 처리하는 안도 생각할 수 있다. Criteria는 무엇인가? 수주량의 규모나 조직의 윤리 강령 준수, 주변에 미칠 영향 등일 것이다. 조직이 결정한 윤리 강령 준수는 절대 조건이므로 선택은 No 외에는 있을 수 없다.

리스크는 No라고 답했을 경우, 고객이 '그것이 회사의 생각인가, 아니면 당신의 개인적인 결정인가?'를 질문해오는 것이다. 실제로 타사에서 개인 리베이트 제공이 이루어지고 있고, 이 사실이 업계에 널리 퍼져 있을 경우, 그리고 당사의 누군가가 실제로 리베이트를 제공하고 있을 경우에는 '당신 회사 누구는 ○○회사에 이 정도 지불하고 있다.'는 식으로 지적당할 수도 있다.

당신이 윤리 강령을 충실히 따른다면 그 정보를 숨겨서는 안 된다. 그러나 보고하면 조직 내의 대립관계는 불을 보듯 뻔하다. 여기에는 적절한 대응 방법이 없다. P는 도움이 안 된다.

V 　지나치게 깨끗한 물에서는 고기가 살지 않듯이, 현실의 비즈니스 세계에도 청렴결백만으로는 유지되지 않는 부분이 분명 있다. 흑백을 딱 잘라 가려야 하는 재판관과는 달리 결론 내리기 어려운 회색지대도 있는 것이다.

업계에 따라서는 윤리 강령이 표면상의 방침일 뿐 위법 행위를 결정짓는 경계선에서 경쟁이 치열하게 이루어지는 곳도 많다. 따라서 단순히 정의감만으로 행동하다가는 어린애 취급을 당하는 경우도 생길 수 있다.

이 같은 경우에는 조직과 개인 모두 자신의 가치관에 대해 다시 한번 진지하게 생각할 필요가 있다. 가치를 지키는 과정에서 조직과 개인의 생활을 잃게 될 가능성도 있다.

위법 행위는 절대로 하지 않으며 회사의 규칙과 규율을 지키는 것은 당연한 일이다. 나아가 '눈앞의 손해도 각오한다.'는 자세로 정도(正道)를 걸어야 할 것이다. 고객이 제시한 내용을 그대로 보고하고 프로세스 분석 결과를 부장에게 제시, 양해를 얻은 뒤 고객에게 No라고 답한다. 이것이 신뢰받는 비즈니스의 길을 열어줄 것이다. V→3 정도의 각오가 중요하다.

윤리적인 위반 행위와 관련된 의사결정

관공서의 입찰 담합, 분식 결산, 가공 경비 계상(計上), 회사 자산의 사유화, 건축기준법 위반, 독직 사건 등의 기사가 신문에 실리지 않는 날이 드물다. 사장이나 경영 간부가 기자회견을 열고 머리 숙이며 사죄하는 광경은 이제 익숙하다. 이렇게 만천하에 드러난 사건 뒤에는 표면화되지 않은 수십 배의 반사회적 행위가 잠재하고 있으리라 생각한다.

이와 같은 바람직하지 않은 행위는 비밀리에 이뤄지므로 소문은 돌아도 실태를 파악하기 어려운 것이 실상이다. 구체적인 행위가 확인되지 않은 시점에서 의심만으로 조사하다가는 신뢰관계를 잃어버릴 리스크도 높다. 그러므로 평상시에 매상의 추정, 금전이나 물품의 출입고 현황, 공명정대한 거래 등 사회적 윤리에 적합하지 않은 행위를 예방하기 위한 관문을 명확히 설치하여 내부적으로 감사와 통제를 강화해둘 필요가 있다.

그러나 아무리 완벽한 제도를 만들어도 빠져나갈 구멍은 늘 생기게 마련이므로 마지막에는 조직 구성원 각자의 도덕관에 의해 결과가 좌우된다.

조직의 윤리 강령, 혹은 상식적인 윤리관에서 일탈된 행위, 일탈에 가깝다고 생각되는 행위를 목격하거나 들었을 경우에는 Situation을 정확하게 파악하도록 노력해야 한다. 보고와 관련된 규칙이 정해져 있다면 그에 따라서 행동한다. 최근에는 내부 고발자에 대한 보호도 법제화되어 있다.

다음은 프로세스 분석을 실행하여 위반 행위가 장·단기적으로 조직에 심각한 타격을 주지 않도록 대책을 강구하고, 만일 위반 행위가 사실로 파악된다면 남김없이 공표한 뒤 Alternative를 채용해야 한다. 사실 위반 행위가 알려지면 고소하는 쪽이나 당하는 쪽 모두 괴로운 일이지만 사실을 숨긴 채 그대로 방치하면 고통은 더욱 커질 것이다. 위반 행위가 사실인지에 대해 파악할 수 없을 때는 개별적인 과제로 처리할 것이 아니라 CSR(기업의 사회적 책임) 활동의 집행 감사를 강화함으로써 부정이 자연스럽게 드러나도록 노력해야 한다.

윤리적인 위반 행위를 조기에 파악하고 신속하게 처리하는 일은 조직의 존속에 불가결한, 우선순위가 가장 높은 과제라 할 수 있다. 이것을 추진하는 원동력은 가치관이다. 절대로 위반 행위가 있어서는 안 된다는 강한 신념을 조직의 구성원, 특히 리더들은 반드시 갖고 있어야 한다. 수상쩍은 비즈니스로 수익을 올릴 것이 아니라 조직의 규율을 지키고 사회적 공정성을 유지하면서 당당하게 경쟁해 이기겠다는 업무 자세를 유지해나가는 것이 신속한 의사결정을 만들어나간다.

교훈

최근 NHK 간부에 의한 경영 사유화, 거래업자로부터의 수뢰, 공금 횡령 사건 등이 많이 일어나고 있다. 공영방송을 짊어진 곳, 가장 공명정대하게 일을 처리해야 할 곳에서 왜 대규모의 조직적인 부패가 발생하고 있을까?

신문사의 경영자 역시 스캔들로 퇴직 압력을 받고 있는 요즘이다. 이런 조직은 위로부터의 부패가 아래로까지 전염되어 있는 것처럼 보인다. 중앙은행이라고 할 일본은행(BOJ)에서조차 경비 초과 지불 사건이 일어났다. 대형 손해보험 회사에서도 지불의무 불이행, 공매 등이 문제가 되고 있다.

처음에는 누군가가 아주 사소하게 적절하지 않은 경비 지출을 하거나 실제 매상을 속이고 과장되게 기입했을 것이다. 이것이 아무 문제없이 처리된다면 좀 더 큰 위반을 저지르게 되고, 문득 정신을 차리고 보면 범죄에 가까운 행위로 발전한 사례를 수도 없이 보고 들어왔다. 불씨는 작을 때 끄지 않으면 안 된다. 그때 확실하게 껐다면 좋았을 것이라며 반성하는 사람도 많다.

조그만 불씨일 때 끄지 않고 방치했다가 결국 비정상적인 행위, 위법 행위가 만성병처럼 확대된다면 조직은 위험 상태로 돌입한다. 만일 위험 상태에 놓인 기업이라면 윤리 강령을 철저히 도모하여 통제와 상호 견제 시스템을 강화함으로써 조그만 부정이라도 숨기지 말고 공개적으로 드러내야 한다. 투명한 조직을 목표로 하여 부정이 자리 잡지 못하게 만들어야 할 것이다.

이런 일련의 작업은 표면적으로는 위반한 사람들의 강한 반발을 시지만 조직을 지키기 위해서는 절대적으로 필요한 조치다. 경우에 따라서는 외부 고발에 의지할 필요도 있다. 특히 법률에 위배되는 행위에 대해서는 즉각 공개하고 내외 조직에 그 정보를 밝혀야 한다.

요즘 일본 기업들에 법령 준수(Compliance)*활동이 널리 보급되고

✽ 우리말로는 순종 및 추종 정도로 번역되지만, 일본에서는 경제계를 중심으로 법령 준수라는 뜻으로 널리 쓰이고 있다.

있는데, 이는 법률을 위반하는 조직은 존재할 가치가 없다는 새로운 시대가 도래했음을 알려준다. 선량한 시민으로서 사회에 공헌하겠다는 가치관을 개인의 신념으로, 나아가 소속된 조직의 신념으로 확립함과 동시에 이를 즉각 행동으로 옮길 수 있도록 노력하자.

chapter 9

프로젝트 리더로
임명되었다면

경영은 의사결정과 그 실행에 의해 성과가 드러난다. 미국의 경영학자 피터 드러커는 경영에 이익을 가져다주는 것은 신기술의 개발과 마케팅 두 가지라고 말한다.

사례

화이트칼라가 처리하는 업무 가운데 상당 부분을 차지하는 것이 회의일 것이다. 기업에 따라 차이는 있지만 관리직이 되면 업무의 50~70% 정도가 회의 시간이라고 한다. 이것은 합의(Consensus)를 중시하는 일본 기업의 특징이기도 하며, 경영 관리의 생산성 면에서 일본 기업의 국제 경쟁력을 떨어뜨리는 한 요인이기도 하디.

회의는 경영 관리 수준의 몇 가지 지표가 중복되어 표현되는 장이기도 하다. 경영 실적이 부진한 기업일수록 회의가 많고 시간도 많이 소요되며 아무 의미 없는 회의까지 관습적으로 열린다.

당신 회사도 그중의 하나인 듯하다. 중요한 경영 과제는 기능 부문의 대표들이 모이는 위원회에서 모두 결정하도록 되어 있다. 위원회는 매월 열리는데 각 부문의 대표가 자기 부서에 유리한 보고만 할 뿐 경영 과제에 대한 발전적인 의견 교환은 찾아볼 수 없다.

또 긴급 과제는 조직 횡단 프로젝트로 별동대가 구성되지만, 대부분 반드시 처리해야 하는 고객의 수주 대응 활동을 제외하고는 논의를 하는 사이 프로젝트 종료 시기가 되기도 전에 슬그머니 활동 자체가 사라져버린다. 몇 년 지나서 잊을 만하면 똑같은 프로젝트가 다시 등장하는데 참가자들은 타성에 젖어 이번 역시 도중하차할 것이라 지레 판단하고는 진지한 태도를 보이지 않는다.

이런 상황에서 최고 경영자가 회의의 생산성을 높이기 위한 프로젝트를 제안, 1년 안에 회의의 생산성을 대폭 향상시키라는 지시를 내렸으며 당신이 이 프로젝트의 리더로 임명되었다.

하지만 이런 프로젝트가 과거에도 여러 차례 반복된 탓인지 구성원들의 참여율이 낮고 활기가 없다. 또 '회의가 비효율적이다.' 혹은 '생산성이 낮다.'는 말은 결과론적으로 이 회사의 기능별 조직이 두꺼운 장벽으로 둘러싸여 있어 이런 상태에서 아무리 회의의 질을 개선한다고 해도 성과는 기대할 수 없어 문제점을 안고 있다는 뜻이다.

당신은 프로젝트 리더로서 이 상황을 어떻게든 바꾸지 않으면 안 된다. 조속히 실행해야 할 의사결정은 무엇일까?

T 사장의 지시는 1년의 시간을 들여서 회의의 효율화를 꾀하라는 것이다. 즉 회의의 효율성을 높이는 데 1년은 너무 길지 않나 생각하지만, 시간은 충분히 주어졌다는 의미다. T→3이다.

S Trigger는 사장에 의해 당겨졌다. 사장이 왜 그런 생각을 하게 되었는지는 알 수 없다. 최근에는 의사결정이 느린 탓에 경쟁에서 주도권을 빼앗기는 경우가 빈발하고 있다. 간부들은 늘 회의에 쫓기므로 각종 회의를 어떻게든 조치하지 않으면 안 된다는 생각을 할 것이다.

회의의 효율화는 지금까지 여러 차례 개혁 테마로 부상했으며 지시도 수없이 내려졌지만 결국 실행보다는 중요성만 시종일관 강조하고 있어서 실태를 얼마만큼 파악하고 있는지는 의문이다. 즉 회의의 무엇이, 어떻게, 어느 정도로 문제인가에 대해 지금까지 분석조차 제대로 이뤄지지 않았다. 회의 실태에 대한 Situation 정보는 S→0이다.

과거에도 회의 진행 방식에 대한 세미나나 연구회가 여러 차례 열렸고, 몇몇 부서는 컨설턴트를 초빙해 공부하기도 했다. 이런 부서에서는 매뉴얼을 작성하는 등 이를테면 회의 개최 요령 같은 책자도 보유하고 있다. 하지만 '정시에 모여라.', '사전에 자료를 배포하라.', '목적을 정하고 열어라.', '결정 사항과 보고 사항을 분리하라.', '발언 시간을 제한하라.', '결정 사항을 확인하라.', '다음 회의 내용을 주지하고 철저히 준비하라.', '마지막으로 당일 회의에 대해 반성한다.' 등 시판 중인 책을 보면 회의 효율화에 관한 내용이 거의 비슷하다.

그러므로 회의 규칙을 정한 뒤 철저히 실행하라는 지금까지의 방식을 또다시 반복한다면 회의의 효율성은 절대로 향상되지 않을 것으로 예측할 수 있다.

P 의사결정의 기본으로 되돌아가서 Objective를 설정하자. 무엇을 하면 좋을지 잘 모를 때일수록 의사결정 프로세스의 기본으로 되돌아가는 것이 중요하다.

1년 뒤 어떤 상황이 이루어졌을 때 이 회의 효율화 프로젝트가 목적을 달성했다고 말할 수 있을까? 양적으로나 질적으로 얻은 성과는 무엇일까?

회의의 실상이 전혀 분석되어 있지 않으므로 회의의 효율성이 나쁜 원인은 회의 진행 방식에만 있는 것이 아니라 다른 경영 시스템에도 근본적인 원인이 있을지 모른다는 점을 고려한다면 표면상의 Objective를 설정해봤자 아무런 의미도 없다. 실태 파악과 근본적인 요인의 해명이야말로 가장 먼저 해결해야 할 과제임을 인식해야 할 것이다.

회의에 대한 조사, 분석에 충분히 시간을 투입할 수 있는 상황이며 투입하는 만큼 효과는 클 것이다. 따라서 3개월 이내에 회의의 효율성을 떨어뜨리는 여러 현상을 분석하고, 그 근본 원인을 파악한다는 1차 목표를 세운다.

Alternative로는 설문조사 실시, 현장 관찰, 컨설팅 활용, 개혁 개선안 등을 생각할 수 있다. 어떤 안을 선택하든지 회의의 분류와 정의, 달성해야 할 기능과 소임, 운영 책임의 소재, 운영위원의 소임과 권한 등에 대해 기초적인 가설 모델을 토대로 미리 구상해두는 것이 더욱 효과적인 조사 활동을 위해 필요한 작업이다.

회의의 실태를 정확하게 파악하는 일이 이 프로젝트의 생명선이다. 따라서 적절한 인재 투입, 회의 핵심 사항에 대한 올바른 이해, 핵심 요인의 분석, 특히 결과 현상인지 원인 현상인지에 대한 판단, 적절한 샘플링, 타 부서의 협력 등 수준 높은 분석을 진행하기 위한 요점들을 명확히 한 뒤 Criteria로 삼는다.

이 경우는 외부 전문가를 포함, 각 부문의 대표로 구성되는 소수 정예 팀을 만들어 현장 관찰을 중점적으로 하는 Alternative가 Choice될 가능성이 높다.

리스크는 각 부문의 저항, 초기 단계에 부딪히게 될 가설 모델의 부족 등을 예상할 수 있다. 특히 각 부문은 자신들의 회의를 현장 관찰하는 안에 대해 한결같이 저항을 나타낼 것이다. 이럴 때를 대비해 사장의 지원 사격을 보장받을 필요도 있다.

결과적으로 경영 과제나 부문 과제의 의사결정이 늦어지는 요인을 찾아낼 수 있으며, 여기서 회의 운영이 문제라는 사실이 밝혀지면 다음 단계로 진행할 수 있다. P→3 수준이며 프로세스에 따라서 착실하게 분석해나가면 반드시 효과적인 Alternative가 나온다는 것을 보여주는 사례라 하겠다.

　　　　　회의에서 의사결정이 지체되는 이유는 가치관의 차이 때문
V　　이기보다 그 전의 문제, 즉 의사결정 기능을 제대로 정리해
놓지 않아서 발생하는 경우가 많다. 이것이 방치되면 감정적인 대립
을 불러일으키고 결국에는 가치관의 대립 같은 양상으로 발전한다.
그러므로 가치관보다는 먼저 의사결정의 흐름을 정리하자.

　V→1로 생각할 수 있다.

프로젝트 리더의 의사결정

　프로젝트는 크게 나누어 두 종류가 있다. 하나는 전략이나 방침이
설정되고 그것들을 구체화하기 위한 것, 또 하나는 조직 전반에 걸
친 문제가 두드러져서 이를 한번에 해결하고자 하는 경우다.

　이번 사례는 후자에 해당한다. 이것을 '문제현상 일거 해결형 프
로젝트'라고 하자. 회의 효율화, 조직 활성화, 기술력 향상, 고객관
계 강화, 업무 효율화 등이 대표적인 예다. 이런 프로젝트는 대부분
회사에 손실을 초래하는 사건이 계속 발생하고 이를 계기로 간부가
방아쇠를 당겨 시작되는 경우다.

　문제는 이런 사건이나 문제는 어디까지나 결과적·표면적 현상으
로 원인이 아주 다양하며, 그 각각의 사건 이면에는 뿌리 깊은 요인
이 잠재돼 있다는 점이다. 의학적으로 표현하면 피부에 나타난 병적
현상은 대부분 내장 질환에 의한 표출이라는 점과 유사하다.

　후자형 프로젝트를 담당할 리더들은 먼저 Trigger에 주목해 프로

젝트를 제안한 인물의 정보, 즉 Trigger의 배경 정보를 파악해야 한다. 다음 단계는 이러한 프로젝트의 배후 요인, 다시 말해 프로젝트가 추진되는 이유에 대한 정보를 구성원 모두가 인지하고 공유하기 위해 Situation 분석을 철저하게 행한다.

이 사례는 회의에서 결정할 사항이 아닌 주제까지 회의에 상정하는 회사의 체질을 먼저 명확히 제시하는 것이 중요하며, 이 문제는 회의의 운영 방법이나 기술로 전혀 해결할 수 없다는 사실을 사람들에게 이해시키는 일이 중요하다.

이를 위해서는 회의 자체를 문제 현상과 요인부터 철저하게 파헤치는 조사 단계, 개혁안 작성 단계, 실행 단계 세 부분으로 나누어 프로젝트를 실행해나가도록 한다. 첫 번째의 조사 단계에서는 Situation 분석을 철저하게 한다. 그 결과에 따라서는 다음 단계를 건너뛸 수도 있으므로 아주 중요한 작업이다.

'문제현상 일거 해결형 프로젝트'는 사전에 Situation 분석이 충분히 이루어지지 않은 시점에서 Trigger가 당겨진다는 점을 기억하자. 그리고 이 점에 유의해 프로세스 분석을 실행한 뒤 다시 한번 Situation 분석으로 되돌아감으로써 Situation 분석의 정밀도를 높여야 한다.

교훈

회의의 효율화라면 바로 How to, 즉 방법론적 Alternative로 직행하는 사람이 있다. 성급하게 커뮤니케이션 기술을 단련시키자는 안이 부상하면서 커뮤니케이션 교육이 도입된다. 상사와 부하 간의 협의도 회의의 범주에 속하므로 지도 기술 및 심리적인 기술 교육도 이뤄진다. 그 결과 서로에 대해 미미하게나마 신뢰 관계나 동료의식 정도는 생겼지만, 회의에 대한 본질적인 논의는 이루어지지 않았다는 실패담을 자주 접한다.

경영은 의사결정과 그 실행에 의해 성과가 드러나는 것이다. 미국의 경영학자 피터 드러커(Peter F. Drucker)에 의하면, 경영에 이익을 가져다주는 것은 신기술의 개발과 마케팅 이 두 가지라고 한다.

아무리 분위기 좋게 대화를 나눠도 그 회의에서 부가가치를 만들어내는 Criteria와 Alternative가 신속하게 이루어지지 않는다면 경영상의 이익을 기대할 수도, 확대시킬 수도 없을 것이다. 이때 부가가치를 낳는 의사결정의 권한이 누구에게 속해 있는지를 파악하는 것이 선결과제이며, 그 의사결정자가 의사결정을 행하기 위한 효과적인 하나의 수단으로 회의나 협의, 또는 프로젝트라고 하는 의사결정 지원 수단이 이용되는 것이다. 비효율적인 회의를 개선하자는 주제에 TSPV 분석을 적용, 원인을 분석해나가면 자연스럽게 근본적인 문제가 어디에 있는지 그 근원으로 거슬러 올라가게 되고 결국 처음부터 Objective나 Criteria가 정해져 있지 않았다는 문제점, 회의로 결정할 내용이 아닌 것까지 마구잡이로 회의 주제로 삼았다는 문제점 등을 깨닫게 된다.

신규 사업을 하루속히 성장시키고 싶다면

가설 설정, 가설에 기조한 소사, 부족한 정보의 확인과 Risk Management, 사고의 프로세스를 실제로 증명하는 집요한 시장 방문, 개척 등 일련의 과정을 차근차근 실행한다면 세상은 기회로 가득차 있다.

사례

당신은 대기업의 공장장으로 일하고 있다.

조만간 관련 제조업체의 간부로 파견될 예정이다. 최근 들어 본사 사장은 이 계열사의 제품이나 기술이 뒤떨어져 3년 안에 사업 전환을 성공시키지 않으면 기업 폐쇄라는 길밖에 없으므로 어떻게든 신규 사업을 창출, 재생시켜야 한다는 당부를 했다.

파견될 회사의 사업 내용을 확인한 결과, 사장이 지적한 대로 이 계열사의 주력 상품인 계측 기기는 아날로그 기술을 기본으로 하고 있어서 신규 참여한 경쟁 기업의 디지털 기기의 저가 공세로 급격하게 시장을 빼앗기고 있다.

이 계열사의 사장과 간부들은 실적 부진에 대한 책임을 지고 전원

사퇴할 예정인데, 어째서 이 정도로 심각한 상태에 이르기까지 방치하고 있었는지 정말 유감스럽기 그지없다. 지금 새삼스럽게 경쟁 회사를 뒤쫓아 상품의 디지털화를 서두른다고 해도 가격 경쟁이 치열한 시장이라 후발 참여 업체가 이익을 내리라는 전망은 거의 없다.

현재의 계측 기기 기술이나 시장의 연장선에서 파악해보면 차기 신규 사업, 혹은 신상품의 윤곽이 전혀 떠오르지 않는다. 그 외에 어떤 기술이 있는지, 어떤 기술 개발이 추진되고 있는지 현 단계에서는 알 수 없다. 직원들의 능력에 대해서도 실제로 파견되어 상황을 살피지 않는 한, 실태를 파악할 수 없는 상황이다.

재무 상태는 다행히 과거에 비축해놓은 자본이 있어서 3년 안에 현재와 같은 수익을 내는 신규 사업을 시작한다면 기업으로서 존속할 수는 있을 것 같다. 이 계열사의 일개 간부로 3년 뒤에는 100여 명의 종업원을 신규 사업으로 모두 먹여 살려야 하며, 그를 위해 당신은 언제까지 어떠한 의사결정을 내려야 할 것인가?

TSPV 분석

T 3년간 100명이 넘는 사람들의 고용을 계속 유지하기 위한 신규 사업을 시작해야 하므로 적어도 내년에는 신규 사업을 시행, 시험적으로 시장 참여를 시도할 것이며 그 다음 해에는 본격적으로 사업을 전개하고 3년째로 접어들면 계속적으로 발전할 사업

으로 키워나가야 할 것이다.

상식적으로는 불가능하다고 할 만큼 난이도가 높은 과제다. 누구나 이 정도의 난제를 해결할 수 있다면 경영에 고생이나 고통이란 말은 따르지 않을 것이다.

그러나 이 과제를 해결하지 않으면 회사는 폐쇄되며 당신을 포함한 많은 사원들이 길거리로 나앉게 된다. 현 단계는 신규 사업 개시 국면이며 가능성이 있는 신규 사업의 흐름을 어떻게든 파악해 찾아야 한다. 기간은 6개월, 이 기간을 넘으면 힘들어진다. T→3이다.

S Trigger는 경쟁으로 인한 계측 기기의 디지털화 참여다. 가격은 종래의 3분의 1 수준. 기술적으로는 선발업체를 쫓을 수 있지만, 만의 하나 성공하더라도 회사를 존속시킬 만큼의 이익을 내지 못할 수도 있다. 현재의 계측 기기를 다른 시장, 이를테면 외국에 판매하는 방법도 검토했으나 가능성이 희박하다.

자사의 기술 수준이나 생산 능력은 그리 높지 않으므로, 3일 정도 조사하면 Situation은 바로 파악할 수 있다. 원래 본사 공장의 필요에 따라 제조하던 계측 기기를 거품경제기에 외부 시장으로 판매하기 위해 이 계열사를 만들었으며, 거품경제가 붕괴된 후 거의 방치된 곳이므로 미래에 대한 전망은 뻔하다.

요컨대 사장의 요구는 완전히 새로운 사업을 창출해내라는 말이다. 어떤 시장, 어떤 제품, 어떤 기술에 가능성이 있는지 제로 상태에서 출발해야 한다. S→0으로 판단된다.

사내 인력 가운데 사업 감각이 뛰어난 인재가 없는지 샅샅이 조사했지만 유감스럽게 단 한 사람도 찾아내지 못했다. 모든 것이 당신 손에 달려 있다. 따라서 스스로 프로세스 분석을 행한다.

먼저 Objective다. 6개월 안에 종업원 100여 명이 살아남을 수 있는 신규 사업의 테마를 발굴한다는 것이 Objective로 채택되었다.

Alternative는 그야말로 오리무중, 전혀 구상할 수 없으므로 먼저 가설 사고를 적용해본다. 현 단계에서 생각할 수 있는 모든 사업을 떠올려보는 가설 콘셉트 정도밖에 세울 수 없다. 사업의 방향성을 모색하는 정도가 될 것이다.

첫 번째는 같은 산업, 즉 계측 기기 업계에서 현재 상승 기류를 타고 있는 상품을 생산하는 것. 예를 들어 광계측 기기 등.

두 번째는 현재의 시장에서 새로운 소비에 대응하는 방법.

세 번째는 자사의 생산기술을 활용할 수 있는 제품 및 부품 분야에 참여하는 것. 예를 들어 정밀 금속 가공 조립.

Criteria는 향후 본격적으로 시장이 형성될 산업 분야일 것, 기술 주도성이 발휘되는 분야일 것, 본사 연구소의 힘을 빌릴 수 있을 것, 그룹의 브랜드 이미지를 살릴 수 있는 분야일 것, 지금까지의 사업과는 결별할 것 등을 생각해냈다.

이 단계에서의 문제점은 두 가지다.

하나는 가설의 방향성에 대한 세 개의 Alternative 모두 막대한 조사활동을 지금부터 시작해야 한다는 점, 그리고 다른 하나는 당신 혼자서는 한 개의 Alternative조차 제대로 마무리 짓지 못할 가능성이 높다는 점이다. 따라서 Objective를 과감하게 재검토했다. 2개월을 투입, 성공 가능성이 가장 높은 신규 시장에서 자력으로 할 수 있는 새로운 사업의 씨앗을 발견하는 것을 Objective로 삼는다.

당신이 본사에 있을 때 익힌 IT를 활용한 설비 컨트롤 기술이 큰 도움이 되었는데, 먼저 계측 기기의 수요가 전망되는 시장을 목록으로 작성하고 정보 수집을 위해 두 발로 직접 뛰어다니는 수밖에 없다는 Alternative가 만들어졌다.

리스크는 이 Alternative로 결국 유망한 사업을 발견하지 못하고 또 다른 Alternative를 조사하다가는 이미 시기가 늦어진다는 것이다. 따라서 혼자 일을 처리하기에는 리스크가 크므로 계측 기기 업계 전반의 국제적 기술 수준, 시장, 제품 동향 등을 외부에 주문해 동시에 조사해나간다. 최대한의 에너지를 쏟아 생각하고 분석하면서 매일 매일 의사결정 프로세스를 전면 가동시켜 반복 시행한다. P →3이다.

V 신규 사업의 선택은 이를테면 회사의 운명을 걸고 하는 일이므로 실패하면 피해는 무한대로 커지며, 또 아무 행동도 취하지 않으면 조직의 추락은 확실하다. 도망치고 싶은 마음이 절실한 상황이지만 여기서 피하면 평생 후회할 것이다.

스스로를 격려하기 위해서 자신의 인생, 삶의 방식을 다시 한번 자문해보고 자신과의 대화로 가치관을 확립해나가는 수밖에 없다. 이런 식으로 자신의 가치관을 키워나간다면 이것이 신념을 만들어내고 생각지도 못한 기회를 발견하는 계기가 되기도 한다. V→3이다.

이 사례처럼 신규 사업에는 완전히 새로운 분야에 참여하는 경우 및 현재의 사업과 관련된 분야로 새로운 상품이나 서비스를 확대해 나가는 경우가 있다. 후자에 비해 전자는 가지고 있는 정보도 매우 부족하고 사내에 축적된 지식이나 경험도 부족하므로 어려움이 많을 것이다.

일반적으로 리스크가 크다는 이유로 신규 사업을 전개하는 경우는 적으리라 생각한다. 그러나 최근에는 인터넷의 발달, 벤처기업과의 제휴, 적극적인 M&A(인수합병) 추진 등으로 이미 성숙기를 맞은 분야에 참여하기보다 신규 사업 쪽이 더 유리하다고 보는 경향이다. 기업들은 앞으로 새로운 분야 진출이라는 경영 과제를 신속하게 해결하는 훈련을 해야 한다. 이런 훈련을 거치지 않는다면 체질 개혁의 속도 경쟁에서 패할 것이다.

정보도 적고 Situation도 불리한 S→O의 상태에서 위력을 발휘하는 것이 바로 프로세스 분석이라는 점을 기억해두기 바란다. 막연히 정보 수집에 시간을 허비할 것이 아니라 효과적으로 탐색 활동을 하기 위해서는 가설이 필요하다.

가설이란 아마도 이런 안이 성립할 것이라는 '생각'이다. 옳은지 그른지는 나중에 조사해야 하지만, 어디에 보물이 숨겨져 있는지의 탐색 활동은 복수의 가설을 설정하지 않으면 시작할 수 없다. 가설을 비교함으로써 어느 정도 행동의 우선순위를 매길 수 있다.

신규 사업 개발은 이러한 탐색의 프로젝트라고 할 수 있으며,

Objective를 계속적으로 재설정 · 재검토해나가면서 실행해야 하는 작업이다. 콘셉트나 방향성, 어느 방향으로 구체적인 안을 모색할 것인가, 최종적인 사업안에 대한 의사결정, 개발 진행방법 등 업무 진행 정도에 맞춰 Objective를 재설정, 재평가해나간다.

이번 사례에서는 하천의 수량관리 시뮬레이션 기술을 이용한 새로운 계측 시스템을 개발, 새로운 수요를 개발했다. 기술 부문은 인터넷을 이용, 전 세계의 정보를 탐색한 다음 핵심이 되는 계측 기술을 해외로부터 입수해 해결했다. 결코 포기하지 않고 새로운 시장과 고객 중심의 가설을 수립한 뒤 두 발로 직접 뛰어다님과 동시에 인터넷 검색을 하면서 난관을 탈출할 수 있었다.

복잡하고 어려운 프로세스 활용으로 보이겠지만 직접 뛰어다니며 의사결정의 기본을 충실하게 반복했을 뿐이다. 이는 TSPV 분석을 의식적으로 반복함으로써 획득할 수 있는 기술이다.

교훈

신규 사업을 담당할 기회가 주어졌을 때 미지의 영역이라는 이유로, 혹은 정보가 부족하다는 이유로 조사 작업에 마냥 시간을 허비하다가 결국 기회를 놓치는 경우가 많다.

Objective나 가설에 의한 임시 Alternative, Criteria & Choice, Risk Management라는 일련의 연속적인 사고를 유연하게 구사하지 않으면 목적 없는 조사에 막대한 시간만 투입할 뿐, 흉내만 내다 끝나는 Alternative에 그치고 만다. 또한 오로지 리스크를 회피하기 위해 리스크 분석에 휘둘리는 등 결국 아무것도 이루지 못한 채 끝나거나 마감 시간 직전에 검토 부족 상태로 결단을 내리는 등 위험한 결과를 초래한다.

가설 설정, 가설에 기초한 조사, 부족한 정보의 확인과 Risk Management, 사고의 프로세스를 실제로 증명하는 집요한 시장 방문 및 개척 등 일련의 과정을 차근차근 실행한다면 세상은 기회로 가득 차 있다. 새로운 사업을 창출하는 데 가장 중요한 요소는 집요함이 아닐까 생각한다. 누구든 궁지에 몰린 채 아무리 애써도 출구가 보이지 않아 망연자실할 때가 있다. 이럴 때 마지막까지 포기하지 않고 자신의 뜻을 관철시키는 굳은 의지가 필요하다.

자신의 의지를 관철시킬 때는 의사결정 메커니즘에 기초해 자신의 생각을 어떤 식으로든 표현해보기 바란다. 이를 하나하나 점검하면서 선입관에 사로잡혀 있는 부분은 없는지 분석한다. 또한 틀리거나 잘못 생각하고 있는 부분은 없는지 스스로를 의심해보며, 그것을 확인하기 위해서 두 발로 직접 현장을 뛰어다닌다. Never give up! 노력은 반드시 보상받는다.

제2부에서는 사례를 이용, 평소 직면하게 될 상황에서 TSPV 분석을 어떻게 활용하는지 살펴봤다. 이 사례를 읽어나가다 보면 자연스럽게 TSPV 분석의 구조가 익혀질 것이다. 다시 한번 TSPV 분석의 요점을 확인해보자.

- T(Time) : 이 결정을 언제까지 내려야 하는가? 시간은 충분한가? 아니면 전혀 없는가? 해낼 정도로 적당히 있는가?

- S(Situation) : 이 결정의 Trigger는 무엇인가? 그에 대한 정보는 충분한가? 문제의 테마에 대해 내·외부의 정보는 충분히 파악되어 있는가? 중요하지만 부족한 정보는 무엇인가? 이 중요한 정보를 어떻게 파악할 것인가?

- P(Process) : Objective, Alternative, Criteria & Choice, Risk Management는 분석되었는가? 프로세스를 모두 점검할 만큼의 시간(T)과 Situation 파악(S)이 부족할 때는 어디에 중점을 두고 프로세스를 분석할 것인가? Risk Management는 거르지 않고 실행했는가?

- V(Value) : 자신의 가치관을 늘 점검하고 있는가? 강인하고 고매한 정신으로 의사결정을 내리고 있는가?

마지막으로, 지금까지 살펴본 TSPV 분석의 요점을 스피드 의사결정의 법칙으로 정리해보자. 무엇이 가장 중요한지 다시 한번 확인하기 바란다.

법칙 1 : 의사결정은 정해진 시간 안에 완료하지 않으면 안 된다.

어떤 의사결정이든 제한 시간은 반드시 존재한다. 이 제한 시간을 지키지 않으면, 의사결정의 내용에 관계없이 가치가 사라지는 '제한 시간'을 확인하게 되며, 그 시간까지 결정하는 것이 기본 법칙이다. 제한 시간은 타인이 제시하는 경우도 있지만, 대부분은 스스로 판단하게 된다. 리스크가 두려워 기회를 놓치는 일이 없도록 각오를 단단히 하는 마음 자세가 중요하다.

법칙 2 : Trigger 정보의 배후, 주변 Situation을 최대한 파악한다.

Trigger 정보가 왜 당겨졌는지 Situation을 정확하게 파악할 것. '아마 이런 이유겠지.'라는 식으로 적당히 분석했다가 예상이 빗나가면 결국 잘못된 의사결정이 되어버린다.

법칙 3 : 의사결정에 필요한 정보가 모두 갖춰지는 경우는 없다.

부족한 정보 속에서 의사결정을 내리는 것이 보통이다. 따라서 의사결정 기술을 연마하지 않으면 안 된다. 복수의 가설을 수립하고 시나리오를 예측한다. 중요한 것은 '모르는 정보가 무엇인가.'를 인식할 것, 누락된 부분은 없는지 빠짐없이 확인한다.

법칙 4 : Objective 설정이 의사결정의 핵심이다.

Objective가 명확하지 않은 의사결정은 결국 목적 없는 결정이 되어버린다. Objective는 시작 단계, 설계 단계, 계획 단계, 실행 단계, 완료 단계 식으로 각 단계별 내용이 달라진다. 의사결정의 달인이란 각 단계를 정확히 구분, 판단하고 그 단계에 맞는 Objective를 정확히 설정할 줄 아는 사람을 말한다. 막다른 골목에 처했을 때도 Objective를 재검토하고 재설정하는 것이 중요하다.

법칙 5 : Alternative는 단계적으로 그 모습을 상세히 드러낸다.

위의 각 단계에 대한 분석이 끝날 즈음에야 비로소 완전한 Alternative의 형태가 드러난다. 시작 단계에서는 구체적인 Alternative의 모양새가 갖춰지지 않으며 콘셉트나 방향성 정도로 표현하면 적당할 것이다. 검토가 진행됨에 따라 구체적인 모습을 드러낸다. 대부분의 Alternative는 지금까지 검토한 복수의 안으로 이리저리 짜맞추어 재구성하거나 추가함으로써 만들어지며 여기에 새로운 요소 몇 가지를 부가하는 것이 보통이다. 너무 튀거나 독창적인 안을 구상하려고 하면 오히려 시간만 낭비하는 경우가 많다.

법칙 6 : Criteria & Choice는 어디까지나 경영 시점에서 생각한다.

비즈니스에서 의사결정을 내리는 이유는 요컨대 수익을 얻기 위해서다. Criteria의 핵심적인 요소는 사람, 물건, 돈, 시간의 투입과 그에 대한 성과다. Criteria에는 외부적 요소, 특히 고객의 요구를 반영시키지 않으면 안 된다. Criteria의 항목 자체는 공통된 부분이 많으므로 의사결정의 종류에 따라서 어디에 중점을 둘 것인지 결정하고 항목을 선택한다.

법칙 7 : 어떤 결정이든 반드시 Risk Management를 행한다.

수익이 큰 Alternative일수록 리스크도 커지는 경향이 있다. 하이 리스크-하이 리턴의 수식이다. 좋은 안일수록 철저한 Risk Management가 필요하다는 말이다. 리스크에 대응하다 보면 Alternative를 어떻게 얼마만큼 수정해야 되는지 파악할 수 있으며, Criteria의 누락을 발견하는 데도 효과적이다.

법칙 8 : 가치 분석이 의사결정 속도를 높인다.

Risk Management를 해도 여전히 리스크가 남는 경우가 있다. 100% 리스크가 사라질 때까지 대응책을 강구하다가는 시간과 비용 모두 엄청나게 소요될 것이고 오히려 기회손실로 이어질 위험도 있다. 경영의 귀재인 마쓰시타 고노스케는 3할 타자로 충분하다고 말했다. 늘 리스크를 짊어지고 나아갈 수밖에 없는데, 이때 만일 실패해서 제재를 받더라도 자신의 가치관으로 납득할 수 있느냐가 중요하다.

이 법칙들은 여러분의 경험으로 더욱 늘어날 수 있다. 마지막으로 의사결정 메커니즘과 TSPV 분석의 관계를 도표로 그려보았다.

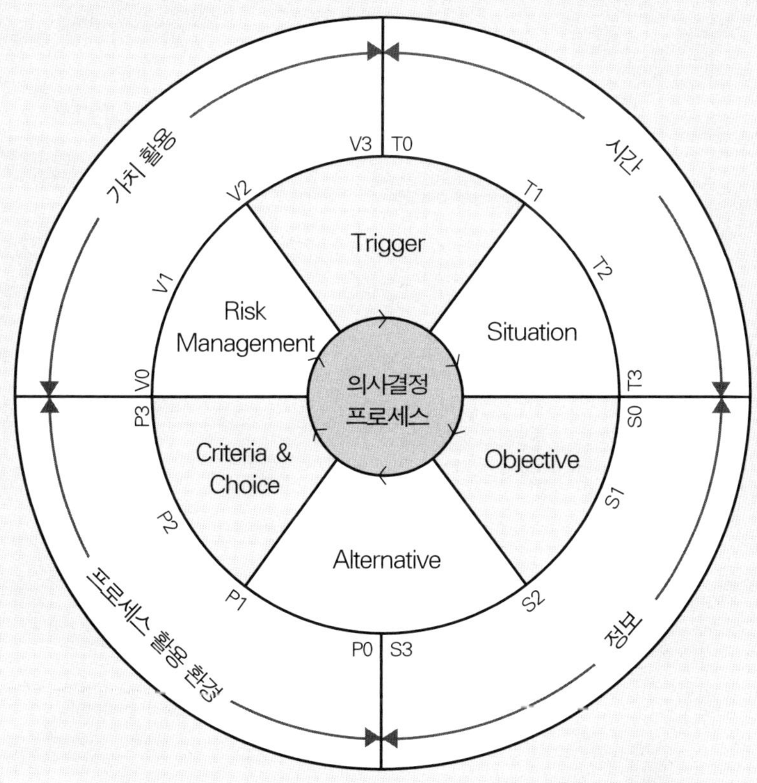

〈도표 5〉 의사결정 프로세스와 TSPV 분석의 관계

(의사결정 과정을 활용할 때 먼저 TSPV를 평가한 뒤 어느 프로세스에 중점을 두고 어느 정도 시간을 투입할지를 판단한다.)

제 3 부

응용편

Trigger   Situation

Objective   Alternative

Criteria & Choice   Risk Management

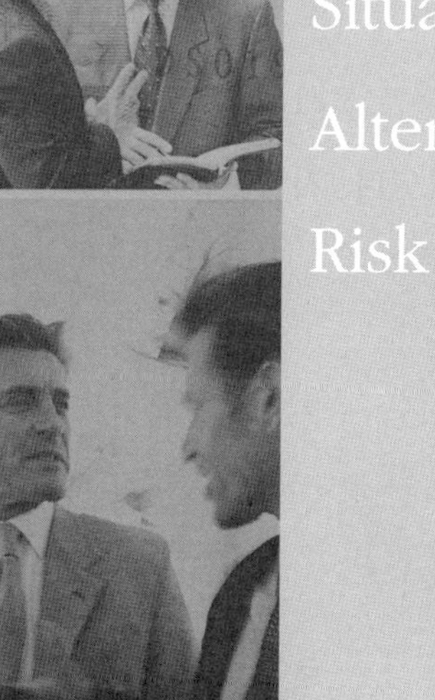

리더의 의사결정 능력을 조직의 문화로 만드는 방법

의사결정 스피드를 개인적으로 높여나가는 동시에 그것이 조직 전체의 체질로 빠르게 전환되도록 만드는 활동이 필요하다.

제1부 기초편에서는 의사결정의 기본 메커니즘, 제2부 실천편에서는 사례 연구를 통해 다양한 상황에서 어떻게 의사결정을 내려야 하는지 살펴보았다. 지금까지 설명한 내용은 어디까지나 개인으로서의 기술 습득을 전제로 한 것이다.

개인의 역량이 높아지면 주변 상황에 휩쓸리지 않고 자율적으로 올바른 판단을 내릴 수 있다. 하지만 개인이 아무리 훌륭한 기술을 습득해도 그것이 조직의 힘으로 전환되기까지는 상당히 오랜 시간이 걸린다. 특히 우수한 인재가 조직의 중간 이하 직책에 있을 경우는 전파력에 한계가 있으며, 조직적으로 의사결정 기술을 강화해 스피드를 높이는 경쟁 기업까지 있다면 격차는 점점 더 크게 벌어질 수밖에 없다.

따라서 의사결정 스피드를 개인적으로 높여나가는 동시에 그것이
조직 전체의 체질로 빠르게 전환되도록 만드는 활동이 필요하다.

회의의 효율이 떨어지는 이유는 회의 자체의 운영 방법도 문제지
만, 실제로는 그 뿌리에 있는 조직 문화나 매니지먼트의 구조 등 본
질적인 문제나 과제에 있다. 의사결정의 스피드 향상 역시 마찬가지
인데, 이를 단순히 의식 문제로 치부하기 때문에 표면적으로 규칙과
방침을 철저히 하는 등 이런저런 수를 써도 별 효과를 기대할 수 없
는 것과 같다.

제3부 응용편에서는 조직에서 의사결정의 기본인 프로세스나 의
사결정 상황에 적합한 TSPV 분석을 무기로 의사결정 스피드에 나쁜
영향을 끼치는 배후 요인을 조직적으로 물리치는 방법에 대해 설명
하고자 한다.

조직의
빠르고 과학적인 의사결정

조직의 의사결정 스피드를 높이고자 한다면 먼저 의사결정 스피드를 지연시키는 근본적인 요인 분석부터 해야 한다.

조직의 의사결정 스피드에 영향을 미치는 요인은 대개 다섯 가지로 분류된다.

① 의사결정 기술의 습득

② 의사결정의 조직적인 구조 만들기

③ 의사결정을 위한 정보 공유와 활용의 매니지먼트

④ 의사결정에 영향을 미치는 조직 문화

⑤ 사내 정책의 통제

의사결정 기술의 습득

의사결정의 기본 과정에 대해서는 앞에서 살펴보았으므로 개인적인 의사결정 기술은 이해했으리라 생각한다. 자, 이제는 직장으로 돌아가 부하 직원들의 의사결정 방식을 살펴보자. 그들은 각자 제멋대로 판단하고 결정, 실행하다가 결국 실수를 저지르거나 필요 이상으로 시간이 걸리는 등 많은 문제점을 드러낸다.

'Trigger에 둔감하며 Situation 판단도 제대로 이루어지지 않고 정보 부족조차 깨닫지 못한다.', '획득할 수 없는 정보를 파악할 수 있으리라고 오판해 결국 시간만 허비하거나 처음부터 Objective를 의식하지 않고 갑자기 떠오른 발상으로 안이하게 Alternative를 구상하며 Criteria는 당연히 없고 Alternative에 대한 리스크 판단도 허술하기 그지없다.', '리스크가 있는 Alternative는 처음부터 아예 분석 대상에서 제외한다.', '자신의 가치관에 대한 신념이 부족하다.' 등.

순서를 차근차근 밟아나가는 논리적 사고가 형성되어 있지 않으므로 나침반 없는 항해처럼 아무리 시간이 지나도 결론을 내리지 못하거나 잘못된 결론을 내려 수정하는 데 시간을 허비하는 등 수많은 단계에서 의사결정이 지체되고 있다.

조직에서 의사결정의 기반이 되는 것은 개인의 의사결정 기술이다. 부하 직원을 포함, 모든 구성원이 의사결정의 기본을 익히는 일이 가장 중요하다. 의사결정 기술이 오늘 배워서 내일 당장 쓸 수 있는 것은 아니다. 습득하기까지는 일정한 시간이 필요하므로 가능한 한 빨리 공부하는 것이 바람직하다.

≫ 조직 내의 용어 통일

개인의 의사결정 기술과 더불어 조직의 의사결정 기술 역시 의사 결정 스피드에 막대한 영향을 미친다. 특히 의사결정과 관련된 용어를 통일하는 일이 중요한데, 일례로 '목적과 목표 및 과제'라는 용어는 어느 기업에서나 빈번하게 사용하는 단어이지만, 그에 대한 정의가 조직 전체에 공유되고 있지 않음으로써 혼란이 일어나는 경우를 흔히 목격한다.

목적이 최상위 개념인지, 과제가 최상위 개념인지조차 애매하며 목적과 목표를 엄격하게 구분해 사용하는 사람과 같은 의미로 사용하는 사람이 뒤섞여 있다. 이렇듯 의사결정 용어 및 의사결정 프로세스가 통일되어 있지 않음으로써 개별적인 조건 아래에서 의사결정 스피드가 떨어진다.

개인 및 조직의 의사결정 기술의 용어 통일화로 얻을 수 있는 의사결정의 품질 향상과 스피드 향상은 그야말로 대단하다. 반대로 이에 무관심한 조직은 명확한 의사결정 용어를 공유하고 있는 경쟁사를 절대로 앞지를 수 없다. 환경의 급격한 변화와 고객의 다양한 요구에 즉각 대응해나가지 않으면 안 되는 오늘날, 경영자가 의사결정 기술이나 의사결정 용어에 무관심하다면 경영자로서의 기본 요건을 갖추지 못했다고 말해도 좋을 것이다.

≫ 의사결정 기술의 철저한 교육

조직 전체가 의사결정의 기본 과정을 익히고 실무적으로는 TSPV 분석을 활용하면서 꾸준히 연습해야 할 것이다. 여기에는 조직의 상부에서 하부에 이르기까지 전 사원이 참가해야 하고, 의사결정을 할 때는 모든 단계에서 프로세스를 활용해야 하며, 이때 반드시 TSPV 분석을 기록하도록 한다.

또한 의사결정 결과는 반드시 문장으로 기록해야 하며 실행 결과의 시비, 그리고 반성도 기록한다. 문서는 일정 기간 보관해 같은 일의 의사결정을 할 때 참고사항으로 검색할 수 있도록 정리해둔다. 그리고 실패한 의사결정, 제한 시간을 지키지 못한 의사결정에 대해서도 요인을 분석하고 나중에 참고할 수 있도록 기록을 남긴다.

• 장점　　무엇보다도 한 사람, 한 사람의 의사결정 능력이 향상되며 시간에 맞추어 결론을 내리는 연습이 이뤄진다. 의사결정으로 성공을 체험하면 이것이 개인의 의사결정 기술에 대한 흥미를 더욱 높이며, 동시에 자신감도 키워준다. 또한 공통의 언어를 공유하게 되므로 조직 안에서 피드백도 쉽게 이루어진다. 무엇보다 조직의 사고방식을 서로 인식하게 되므로 강력한 연합체를 만들 수 있다.

• 단점　　의사결정 기술의 습득은 교육을 통해 이뤄지므로 의욕이 없는 사람들, 지항감을 가지고 있는 사람들에 대한 전파력은 약하다. 교육을 받은 뒤 습관화하기도 전에 잊어버리는 사람도 나올 수 있다. 실무에 적용할 경우, 처음엔 번거롭기도 하고 한동안 사용

하지 않으면 잊어버리는 경우도 있다. 어떤 기술이든 습득을 위해서는 반복 활용이 필요한데, 강제력이 없으면 아예 사용하지 않는 사람도 나온다.

• 개혁의 돌파구로 이용할 경우 주의할 점　　오히려 최고 경영자가 왜 의사결정 기술을 교육해야 하는지, 그 필요성과 신념에 대해 설명하라는 요구를 할 수도 있다. 또 이러한 기술 교육이 정착되기 위해서는 수년간의 지속적인 노력을 하겠다는 굳은 결의가 필요하다. 기술을 활용하기 위한 지원 조직이 설치되어 활용 지원, 활용 결과의 파악, 활용 장애 해결 등의 작업이 연쇄적으로 이루어져야 한다. 실제 사례의 연구를 통해 조직 전체가 성공 사례를 공유하는 것도 중요하다.

의사결정의 조직적인 구조 만들기

기업이나 조직은 의사결정과 그에 기초한 행동으로 성과를 만들어낸다. 축구팀이 경기에서 공을 계속 차야 하듯, 혹은 생물이 생존을 위해서는 호흡을 계속해야 하듯 의사결정은 기업 활동 속에서 일상적으로 이뤄지고 있다. 조직의 구성원들은 매일 의사결정이라는 공을 계속 차고 있다는 이야기다.

　그러나 일본 기업의 의사결정 과정을 들여다보면 기본 동작이나 Situation의 분류 및 체계화가 이루어져 있지 못할 뿐 아니라 제대로 운용되고 있지도 못하다. 마치 아이들의 공놀이처럼 우왕좌왕하면서 상대의 골문을 향해 공격하라며 고래고래 소리 지르는 것과 똑같은 상황이다.

　외국의 경영자들에게서 일본 기업은 의사결정이 너무 느려서 거래하고 싶지 않다는 말을 자주 듣는다. 예전에는 집단으로서의 합의를 이끌어내는 데는 시간이 걸렸지만, 결정한 뒤의 행동은 조직 단위로 이루어져서 실천 능력은 높다는 평가를 받았다. 그런데 최근의 비판은 느린 것이 아니라, 아무리 시간이 지나도 결정할 수 없는 조직에 대한 비판이라는 것이 문제다. 실제로 세계의 비즈니스 현장에서 상대방의 제안, 의견에 도무지 결론을 내리지 못하고 결국 기회를 잃어버리는 경우가 많이 발생하고 있다.

　많은 조직들이 의사결정의 분류 체계화나 역할 분담의 명확한 배분, 배분 결과에 기초한 책임 권한의 엄격한 운용 등에 상당히 느슨하다. 이런 기업이나 조직은 중기 계획이나 직무 권한 규정, 대형 프로젝트나 기능횡단 활동, 각종 위원회에서 그 부분을 컨트롤하고 있다고 주장한다. 물론 이런 경영상의 도구가 각종 의사결정을 조정하거나 스피드를 향상시키는 기능을 하지만 개별적인 과제를 해결하는 것이 주목적이므로 그 외에는 응용할 수 없는 것이 문제다.

　따라서 의사결정 스피드에 다음과 같은 장애가 발생한다.

• 의사결정이 조직 전체에 걸쳐 건전하게 운용되지 않는다.

- 어려운 사태가 발생하기 전까지는 역할 권한의 분담에 대한 재평가가 이루어지지 않는다.
- 조직 간의 조정으로 합의 활동이 진행되지만 양자를 넘어서 결제할 권한을 가진 총괄 직책의 배치를 의식적으로 회피하고 있다.
- 빈번하게 회의를 하지만 대립을 조정하고 결재할 최종 결정권자가 없다.
- 이미 발생한 문제에 대한 대응이 먼저 이루어지므로 조직을 넘어선 미래 지향적인 활동에 대한 의사결정이 이루어지지 않는다.

이러한 과거형 역할 기능 분담 방식의 근간에 뿌리깊이 자리 잡고 있는 의식은 현존하는 개별 조직의 존속을 절대명제로 내세우고 각 조직이 개별적으로 최적의 생존을 꾀하고자 하는 것이다. 전체 조직의 경영 최적화가 결국 차기 우선책(Second Priority)으로 밀려나는 것이다. 강한 개인의 집합체가 강한 전체 조직을 만들어낸다는 말은 고도성장기의 유산이며, 스피드와 다양성에 대응하기 위해서는 전체 조직이 최적의 상태로 최고 우선권(Top Priority)을 행사하는 경영 구조 모델이 필요하다.

최근에는 네트워크 사회에 적합한 경영구조 모델이 활발히 연구되고 있으며, 특히 세계 공통의 글로벌 네트워크 환경에 적합한 모델이 각광받고 있다. 다음 도표는 세계적인 컨설팅 및 교육과정 전문회사 케프너 트리고의 앨런 브래슈(Alan P. Brache)가 자신의 저서 〈건전한 조직의 재생〉에서 작성한 경영구조 모델이다.

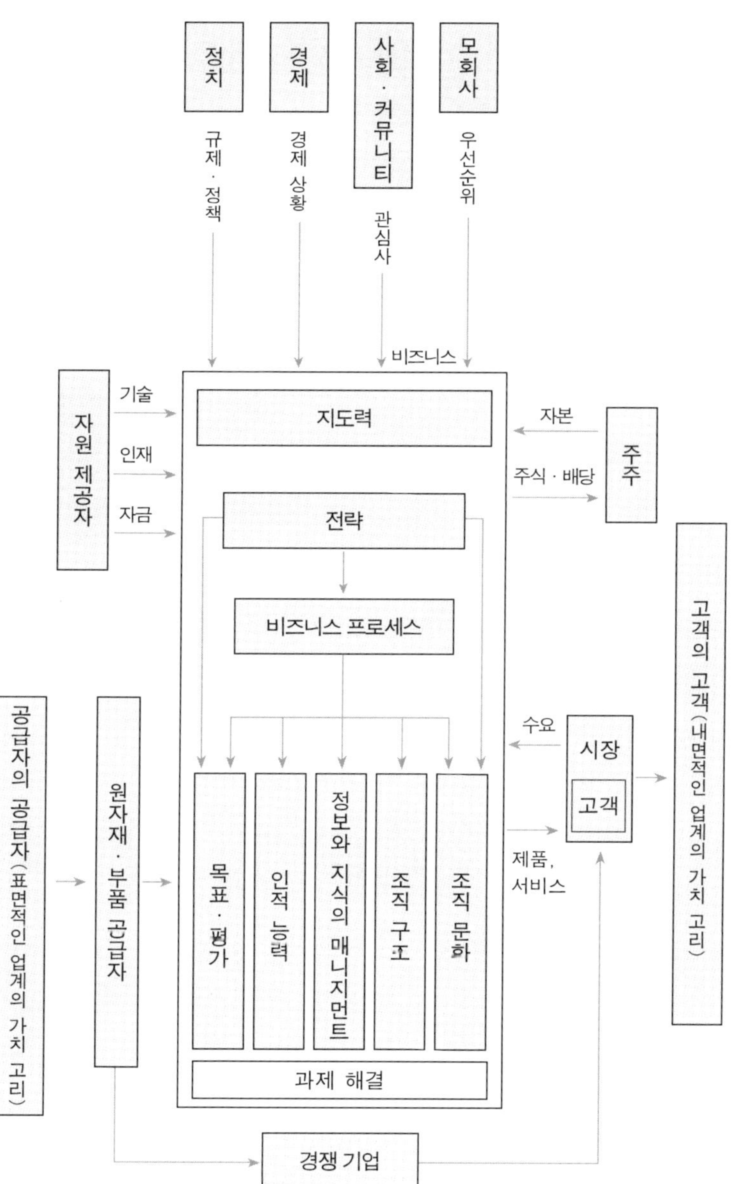

〈도표 6〉 경영구조 모델에서 과제 해결의 위치 부여

경영에는 비전(Vision) - 전략 - 비즈니스 프로세스 - 조직 - 자원 획득 - 공급 체인 활동으로 이뤄지는 일련의 구조가 있다. 〈도표 6〉에서는 과제 해결의 위치 부여라고 되어 있지만 의사결정의 위치 부여라고 바꿔도 좋을 것이다.

현재 의사결정이 지연되어 조직의 문제가 되고 있는 사항을 이 도표 위에 붙여 나간다. 예를 들어 '신규 사업 진출에 대한 사장의 방침이 표명된 지 3년이 지났는데도 어떤 의사결정도 채택되지 않았다.'는 의사결정 과제는 어디에 위치하는지 생각해보자.

여러 개의 안이 있는데도 마지막에 늘 결정이 내려지지 않는 경우, 그것이 현재의 경영 전략과 합치하지 않아서라면 '전략' 부분에 위치할 것이며 마켓과 관련된 리스크 문제라면 '시장' 부분에 위치할 것이다. 과제에 대해 의사결정을 내리는 사람, 즉 의사결정권자가 명확히 규정되어 있지 않으면 결국 의사결정이 지연된다.

의사결정이 지체되는 이유는 대개 기업의 비전이나 전략이 명확히 규정되어 있지 않은 데서 발단한다. 의사결정을 검토해나가는 과정에서 비전이나 전략에 저촉될 경우, 이를 누구에게 상담해야 할지 모르는 경우가 대부분이다.

소니에서는 이데이 노부유키(1995~2005년 소니 회장 겸 CEO) 사장이 재임할 당시, 직원들이 사장실로 가지 않으면 의사결정이 이루어지지 않아서 사장실 앞이 늘 문전성시를 이뤘다고 한다. 이것이 사실이라면 경영구조 모델이 제 기능을 발휘하지 않았다는 말이다.

오늘날처럼 복잡한 시대에는 의사결정 분류와 역할 책임의 조직적인 배분을 빠르게 관리하는 기능이 본사의 전략 본부에 설치되어 있어야 한다. 이런 경영구조 모델에 적합한 의사결정의 분류나 역할 분담을 배분하는 인물은 의사결정의 기본 과정이나 각 의사결정의 특성을 이해하기 위한 TSPV 분석을 정확히 파악하고 있어야 한다.

≫ 경영구조 모델 만들기

사업 환경에 적응, 의사결정의 권한이 빠르면서도 적절하게 배분되게 하기 위해서는 회사의 독자적인 경영구조 모델을 지속적으로 연구하고 재편성해 의사결정권이 조절되도록 해야 한다.

〈도표 6〉을 보면 알 수 있듯이 경영구조 모델에는 비전, 전략, 비즈니스 프로세스, 자원, 행동(실행) 단계가 있다. 의사결정이 이 가운데 어떤 요소로 인해 일어나고 있는지 밝히고 해당 요소의 의사결정 분류와 체계화, 각 프로세스의 개혁 등을 추진한다. 기능횡단적인 경영 과제는 사장 직속의 프로젝트 리더에게 권한을 위임하는 경향이 두드러진다.

• 장점　경영구조 모델의 각 요소가 전개되는 프로세스는 구체적인 순서라고 할 수 있으므로 보기 쉽다는 장점이 있다. 대개는 중기 계획이나 경영 과제의 전개 방법 등 이미 가지고 있는 경영 수법을 시대에 맞게 재구성, 체계화한 것이므로 이해하기 쉬울 것이다. 동시에 의사결정이 정체되고 있는 구체적인 현상이나 문제점을 망라하여 파악, 분류하므로 과제의 초점도 파악하기 쉬워진다. 이를 통해 지체되는 부분을 해결해나가는 동시에 경영구조 모델도 계속적으로 재평가할 수 있는 기초가 형성된다.

• 단점　　상층부로부터의 개혁이므로, 경영구조 모델이나 운영 순서가 아무리 시대에 적합하더라도 결국 표면적인 방침으로 받아들여질 가능성이 높다. 엄청난 작업량을 동반하므로 운용할 때 적당히 처리될 가능성도 있다. 프로세스를 거치는 데 급급하여 핵심을 간과하거나 의식 개혁이 제대로 이뤄지지 않을 수도 있다.

• 개혁의 돌파구로 이용할 경우 주의할 점　　이 개혁 프로젝트가 단순히 형식적인 절차 개혁을 추진하려는 일이 아님을 본부가 확실하게 표명하거나 선언하는 등 조직의 강력한 의지를 공표할 필요가 있다. 제일 먼저 의사결정 스피드의 지연을 해소하는 구체적인 안이라고 할 프로젝트를 가동시키고, 철저하게 총체적으로 조사하며 그 결과로서 경영구조 모델의 개혁이 외부 환경에 적응하기 위해 절대적으로 필요하기 때문에 도입한다는 점을 구성원들이 수긍한다면 이 개혁 프로젝트는 설득력을 지니게 될 것이다. 개혁을 주도하는 사람들은 스스로 고립되지 않도록 용의주도하게 행동해야 하며, 반드시 최고 경영진의 강력한 활동 지원이 뒤따라야 한다.

의사결정을 위한 정보 공유와 활용의 기술

IT 기술은 하루가 다르게 진화하는데, 특히 최근의 정보검색 기술은 그야말로 경이롭다. 구글(Google) 사이트를 검색해보면 알 수 있듯이 필요한 정보는 세계 어디서든 순식간에 수집할 수 있다.

사실 IT 자체가 새로운 사고나 의사결정을 내리는 것은 아니다. IT는 어디까지나 정보의 입력, 축적, 분류, 소정의 가공, 검색, 전달하는 일련의 작업을 인간이 손으로 만들어낸 것에 불과하다. 즉, 컴퓨터는 인간의 수작업을 기계화하는 것 이상은 아니라는 말이다. 현 단계에서는 정도의 차이는 있지만, 거의 대부분의 업무가 기계화되어 있으므로 앞으로는 부가가치를 낳는 사고와 의사결정을 지원하는 도구로서 IT를 진화시키려 하고 있다.

의사결정을 진행시키다 보면 늘 정보 부족에 직면한다. 대부분 Situation은 파악되지 않고, 정해진 시간 안에 충분한 정보를 도저히 입수할 수 없을 것 같은 경우가 많다.

무엇이, 언제, 어디서 어느 정도 일어나고 있는지에 대한 현상 파악은 의사결정의 정확도와 속도에 직접적인 영향을 끼친다. 사실 데이터가 적으면 적을수록 직감이나 감정에 의지해 의사결정을 내리기 쉬우므로 주위를 설득시키는 데도 시간이 걸리며 보수적인 조직에서는 좀처럼 승인이 떨어지지 않는다.

또 한 가지 의사결정에서 부족한 것으로, 난관을 돌파하기 위해 필요한 창조적인 아이디어에 대한 힌트다. 예전에 유사한 상황에 활용한 적이 있는 이론이나 지혜를 어디서 얻을 수 있는지도 모른다면 더욱 심각한 상황이다. 조직 안에 지원센터가 없는 경우에는 이 정보 수집과 힌트를 얻기 위한 작업을 개인적으로 처리할 수밖에 없다. 인터넷이나 개인적인 네트워크로 수집해야 한다면 구성원 간에 효율적으로나 질적으로 상당한 차이가 벌어질 것이다. 또한 구성원 각자가 제각기 추진했을 때 전원이 똑같은 시간을 투자하므로 결국 심각한 낭비만 발생한다.

≫ 일본에서 좀처럼 추진되지 않는 지식경영

지금까지 많은 기업들이 시스템 벤더(System Vendor) 측의 제창으로 기술 주도의 데이터 마이닝(Data Mining) 기술을 이용해서 과거 정보를 재활용하기 위한 고액의 소프트웨어를 도입해왔다. 그러나 수억 엔대의 막대한 투자에도 실상은 유감스럽게 거의 활용되지 못하고 있다. 도대체 무엇이 문제인가? 과거의 매상이나 비용 등의 누적된 데이터만으로는 미래의 사업 창출이나 실적 확대라는 과제를 해결하기 위한 힌트, 아이디어를 얻을 수 없다는 것이 문제다.

사실 일본의 기업이나 조직들 가운데 의사결정권자가 필요로 하는 정보의 저장을 어떻게 처리하고 분석할지, 혹은 의사결정의 종류에 따라 필요한 정보 구조를 어떻게 분석할지에 대한 연구를 제대로 하고 있는 곳은 아주 드물다. 왜냐하면 일본 기업이나 조직은 의사결정 프로세스를 착실하게 밟아가며 의식적으로 합리적인 결정을 내리는 습관이 제대로 형성되어 있지 않으므로 눈앞의 정보나 직감에 의지해 의사결정을 내린 뒤 리스크를 회피하기 위해서 마지막에는 외부 조사로 돌려버리는 경우가 많기 때문이다.

실제로 조사해보면 사내 실력자가 갑자기 떠오른 Alternative를 주장하면 가지고 있는 정보만으로 평가하고 부족한 부분은 외부에 조사를 맡겨 확인하는 식의 'Alternative 선행형 의사결정'이 의외로 많다. 성과주의 인사제도의 도입, ERP(Enterprise Resource Planning 기업 자원관리)나 SFA(Sales Force Automation 영업자동화) 도입, CSR(Corporate Social Responsibility 기업의 사회적 책임)이나 COSO(COSO Control Framework)*의 도입 등 다른 회사가 하면 우리도 한다는 식으로 대안을 선택하는 경향이 강하다. 요컨대 자신만의 경영 이념이나 비전, 전략에 기초한 자사의 독자적인 사업구조 및 경영구조를 만들겠다는 자세나 독사직인 Alternative를 창출한다는 기본 프로세스가 결여되어 있는 것이다. 물론 흉내 내기 경영으로 충분하다면 독자적인 정보탐색 수단을 개발할 필요는 없다.

IT를 최대한 활용하는 기업을 보면 뛰어난 의사결정권자가 육성되어 있다. 즉 뛰어난 의사결정권자가 요구하는 수준 높은 정보 요청에 대응해나가는 사이 정보의 활용 체계가 자연스럽게 정비된다는 말이다.

이러한 조직이나 기업들은 진정한 의미의 지식경영을 연구, 개발하는 팀을 보유하고 있다. 자사의 의사결정 분류 체계에 기초해 각

✻ COSO : 정식 명칭은 COSO Control Framework로, COSO는 the Committee of Sponsoring Organization of the Treadway Commission의 약어다. 1992년 미국 트리드웨이 위원회 조직위원회가 발표한 내부통제 프레임워크로, 사실상 내부통제 시스템의 세계 표준으로 통한다. 통제 환경(Control Environment), 리스크 평가(Risk Assessment), 통제 활동(Control Activities), 정보와 커뮤니케이션(Information and Communication), 모니터링(Monitoring Activities)의 다섯 개의 내부통제 요소로 구성되어 있다. 미국 증권감독원(SEC, Securities & Exchange Commission)에서도 COSO 프레임워크를 내부 통제 정의에 사용하는 등 전 세계 주요 기업들이 내부통제 시스템을 수립하고 평가할 때 도입하고 있다. 현재는 COSO 프레임워크보다 조금 더 발전시킨 내부통제 모델로 2003년 전사적 Risk Management 프레임워크(Enterprise Risk Management Framework)가 공개되었다.

분야마다 우수한 의사결정권자가 어떤 정보에 대한 요구 패턴을 가지고 있는지, 과거에 그와 똑같은 요청으로 수집되었던 정보는 어떤 것들이 있는지, 같은 지식을 필요로 하는 인재 네트워크, 이미 이용되었던 지식의 재활용 방법과 성과, 앞으로 누가 어떤 정보를 필요로 할지에 대한 예측에 기초해 지식의 전달 환경을 조성해나가는 작업 등을 꾸준히 하고 있는 것이다.

선진 기업에서는 IT 기획 부문이 새로운 지식을 창조하는 디자이너로서의 기능을 담당하고 있으며, 개인의 지식을 조직의 지식으로 확산, 전파하기 위한 IT 인프라 구축 역시 급속히 정비하고 있다.

하지만 유감스럽게도 많은 일본 기업이 이런 이야기를 아직은 꿈속의 일처럼 바라보고 있다. 입으로는 IT를 활용하라고 말하지만, 글로벌 우량 기업들이 이미 실현하고 있는 이런 환경을 실제로는 제대로 이해조차 하지 못하고 있는 경영자들이 많다. 사실 의사결정의 기본 과정이 가져다주는 창조적인 효용을 경험한 적도 없고, 뛰어난 의사결정권자가 많으면 부가가치가 높은 IT 활용과 스피드 향상으로 이어지는 IT 활용이 가능하다는 사실을 이해하지 못하고 있기 때문이다.

조직과 개인의 의사결정 기술이 현격하게 향상되지 않는다면 정보 활용으로 의사결정의 스피드 향상을 꾀하기가 어려워 이 목표는 결국 꿈으로 끝날 것이다.

≫ 정보 공유화와 활용

정보를 제대로 활용하기 위한 환경을 정비함으로써 의식 개혁을 촉진할 것, 정보의 힘으로 시대에 적합한 사고나 인식 능력을 개발할 것, 이 두 가지가 미래의 경쟁력을 결정짓는 중요한 기둥이다. IT를 구사해 고도의 활용 환경을 정비한다고 해서 정보 활용이 촉진되는 것은 아니다. 활용하는 사람이 정보에 접근하기 쉽고 편리하게 사용하도록 정비하는 것이 필요하므로 이를 위해서는 정보 서비스 섹션을 설치해 누군가 요청한 정보를 적극적으로 수집하고 개시하도록 만드는 것이 핵심이다.

이 과정에서 이용자의 요구를 분류하는 동시에, 격변하는 외부 환경의 다양한 정보를 유형화해 제공함으로써 조직의 정보 능력이 유용하다는 인식을 차츰 키워나가야 한다.

• 장점　　정보가 가진 힘으로 조직의 수직적, 수평적 장벽을 타파하기 쉬워진다. 특히 외부 정보가 가지는 힘은 조직 변혁에 결정적인 Trigger가 돼준다. 정보 감각이 뛰어난 사람들의 네트워크가 형성되기만 하면, 이 네트워크가 개혁 분자들의 연대감을 강화해준다. 정보가 제공하는 편리함은 특히 개인에게 매력적이므로 동기부여를 지속시킬 수 있다. 또한 필요한 정보를 분류하고 개시하는 작업은 정보 감성이 뛰어난 인재들의 견해나 사고를 전파시키는 데도 아주 효과적이다.

• 단점　　정보를 주체적으로 원하는 사람들은 수적으로 한정되어 있다. 일방적으로 제공하는 정보에 거부반응을 일으키기도 하는 등 좀처럼 받아들여지지 않으며 정보를 개시하는 것조차 거부하는

세력도 있다. 정보 활용을 기본적으로, 습관적으로 하도록 만들려면 활용하는 사람들의 의식과 사고방식을 훈련시키지 않으면 안 된다. 좋은 정보도 활용되지 않으면 종잇조각과 다르지 않기 때문이다. 또한 정보로 조직을 변화시키려면 정보의 분류 체계에 정통한 전문가가 필요한데 우수한 인재가 반드시 배치된다는 보장도 없다.

• 개혁의 돌파구로 이용할 경우 주의할 점　　의사결정 능력이 뛰어난 인재들의 네트워크를 언더그라운드로 형성해놓을 필요가 있다. 이 사람들은 가까운 미래에 조직을 이끌 인재다. 이들을 조금씩 확대해가는 것이 바람직하다. 물론 최고경영자도 이 시도에 참여해야 하며, 고객도 이 네트워크에 참가하게 만든다면 더욱 좋을 것이다. 소신 그룹(Opinion Group)이 어느 정도 형성된 시점에서 일반에 공개한다. 질적으로 높은 가치를 창출하는 지식을 집중시켜 견인력이 충분한 지식 시스템으로 완성해나가는 것이 핵심이다.

의사결정에 영향을 끼치는 조직 문화

관습적인 문화는 긍정적이든 부정적이든 의사결정 스피드에 큰 영향을 미친다.

기업이나 조직은 창업자나 중흥을 구가하던 시대의 이념을 강력한 유전인자로 계승, 유지한다. 더 높은 목표로 도전하는 자세, 실패를 용인하는 관용, 세계 최초의 엄격한 시간 감각 등을 단순히 이념에만 그치는 것이 아니라 세부적인 행동 지침으로까지 구체적으로, 일상적으로 활용하고 평가하는 기업들을 보면 의사결정 스피드가 대단히 빠르다. 또한 세계라는 영광스러운 무대에서 선두를 다투는 국제적인 기업들은 시간을 가장 중요하게 생각하는 조직 문화가 형성되어 있다.

일본의 많은 기업들이 1980~1990년대의 고도성장기에 형성된 문화를 지금까지 그대로 계승하고 있다. 고도성장기의 시장은 성장 일변도였고, 주요 전장은 국내로 한정되어 있었던 덕에 국내시장의 점유율만으로도 편하게 기업 활동을 할 수 있었다. 이런 여세를 몰아 해외로 진출했지만 이 역시 어디까지나 국내시장에서 수위를 차지하기 위한 하나의 수단으로 이용되었을 뿐이다. 그 증거로, 거품경제가 붕괴된 이후 해외에서 계속 치열한 생존경쟁을 하던 기업은 극히 소수였으며 대부분의 기업이 일제히 발길을 돌려버렸다.

앞에서도 언급한 것처럼 시장이 안정적으로 유지되고 비즈니스를 지속적으로 펼칠 수 있는 환경에서 조직은 배타적 자립을 지향하는 수직적 구조로 굳어지기 쉽다. 세력이 강한 쪽이 수직적 조직의 핵심을 장악하게 마련이므로 때로는 기능 부문, 때로는 사업 부문 식으로 변하지만 어느 쪽이 됐든 자기 조직의 자립적 존속을 절대 명제로 삼는다.

일본 고유의 수직적 사회문화와 더불어 소속 조직에 대한 충성심이 자신을 지켜주는 가장 중요한 코드(내부 규율)가 된다. 즉, 의사결정의 타당성이나 객관성·합리성보다 자기 조직의 집단적 존속이 우선되며, 회사 전체의 합리성보다 소속 부문의 이익을 최대화하는 것이 자신들의 최대 관심사다.

그 때문에 의사결정을 내릴 때는 다음과 같은 경향이 강해진다.

≫ 실패는 절대로 저지르지 말아야 한다

우리 조직에는 사업 실패, 관리 실패, 불상사 등 다른 조직으로부터 지탄받을 만한 일이 일어나서는 안 된다. 실패는 곧 우리 부문의 처지가 불리해짐을 의미한다. 도전해서 성공을 거두면 평가가 높아지지만, 반면 리스크로 인해 손실을 입을 일은 아예 피한다. 비즈니스는 돌다리를 두드려보고도 건너지 않는, 신중에 신중을 기하며 처리한다.

≫ 전례, 순서, 절차를 준수하라

새로운 일을 시작할 때는 과거의 사례를 철저히 연구하여 참조하며, 계획이나 승인 절차는 전례에 따라서 추진한다. 특히 다른 부문과의 절충이 필요할 때는 교섭에서 불리해지지 않도록 만반의 준비를 통해 사전 교섭을 철저히 행한다. 상대가 불리한 조건을 제시했을 때는 전례, 순서, 절차가 우리 부문을 안전하게 지켜줄 것이다.

≫ 외부 지향보다 내부 지향으로 일을 처리하라

경쟁사와의 비교나 고객의 요구에 대한 배려 등도 필요하지만 이를 최우선으로 삼는 것은 잘못이다. 왜냐하면 내부의 요구를 처리할

만한 능력밖에 없으면서 무리하게 외부 지향으로 도전해봤자 실패
는 불을 보듯 뻔하기 때문이다. 타인을 부러워할 것이 아니라 자기
스스로 할 수 있는 범위 안에서 일을 처리한다. 당신을 평가하는 것
은 상관이다. 먼저 상관이 당신에게 무엇을 바라고 있는지, 어떤 태
도를 원하고 좋아하는지를 생각한다. 상관의 미움을 사면 당신의 미
래는 끝이다.

≫ 성과주의보다 멸사봉공을 배워라

회사에서는 오랫동안 공헌한 사람이 정당하게 평가받아야 한다.
그런 사람들에 의해 우리 회사의 오늘이 만들어졌다. 성과를 냈으니
지금 당장 평가하라고 요구하는 것은 너무 성급하다. 평가란 성과가
오래 누적돼온 속에서 이루어져야 하는 일이지 눈앞의 실적으로 평
가하는 것은 잘못이다. 선배를 내세우고 동료와 원만한 인간관계를
유지해야 조직은 오래 존속할 수 있다.

≫ 스피드 경영은 경솔한 것이며 지속되지 않는다

스피드로 일을 수 있는 것은 표면적이며 경박한 것 투성이다. IT
업계나 인터넷 기업들을 보면 성장도 빠르지만 망하는 것도 빠르다.
스피드가 필요한 사업은 차라리 손대지 않는 편이 낫다. 오랫동안
천천히 시간을 들여 개발하는 것이 가치 있는 일이다. 우리가 하고
있는 사업이 비록 축소 일로의 시장이지만 마지막까지 살아남는다
면 사라지는 일은 없다.

어떤 조직이든 상층부는 이미 기득권을 쥐고 있으므로 합리적인

개혁이 자신의 이익과 상반되는 경우가 많다. 보수파는 쇠퇴기가 도래해도 마치 자기 꼬리를 자르며 도망치는 도마뱀처럼 어떻게든지 권익을 지키려고 안간힘을 쓰며 지금 손에 넣을 수 있는 것은 최후까지 입수하려고 발버둥 친다.

스피드 경영이 필요한 근거로는 네트워크 환경으로 말미암아 사회나 시장, 고객의 요구가 다양화되고 스피드 역시 엄청나게 빨라지고 있어 그에 대응하지 않을 수 없기 때문이다. 자기 부문의 배타적 자립과 내부 지향성을 우선하는 조직이 이런 흐름에 즉각 대응할 수 없음은 당연하다.

앞에서 언급한 것처럼 경영구조 모델을 새로 재편성하며, 비즈니스 판단은 시장과 고객의 접점을 중심으로 적극 추진해 기업 전체가 전략적으로 강한 집단이 되도록 강화하지 않으면 안 된다. 의사결정에 대해서는 먼저 조직 상층부에 집중시킬 내용과 중핵 부분에 위임해야 할 내용 등을 정리할 필요가 있다. 그리고 이 새로운 경영구조 모델에 적합한 조직 문화 역시 새롭게 형성시키지 않으면 안 된다.

≫ 조직 문화의 변혁

조직 문화 변혁의 요체는 자기가 속한 조직의 문화나 가치관에 대한 정확한 자기 인식이다. 자신의 잠재의식 속에 있는 것을 스스로 드러내기는 사실 불가능하므로 먼저 그룹회의를 지속적으로 열어 논의함으로써 조직 문화가 어떤 것인지 자연스럽게 파악되도록 노력한다. 조직 문화나 가치관에 대한 인식이 이루어지면 다음은 과연 그것이 새로운 시대에 적합한지, 갭은 무엇인지 스스로 평가한다.

이런 식으로 시대의 흐름을 읽고 이해한다면 의사결정을 할 때 우선적으로 살펴봐야 하는 가치(Value)가 무엇인지도 적절히 판단할 수 있게 된다. 다만, 이해가 곧 수용을 의미하지는 않으므로 변혁의 내용이 수용되기까지는 좀 더 시간이 걸린다.

• 장점　　태도, 행동, 판단으로 나타나는 가치관은 스스로 확인하기 쉬우므로 구체적으로 변혁해야 할 목적 역시 바로 인식할 수 있다. 변혁의 성공 여부 역시 외부로부터 평가받기 때문에 달성되지 않은 상태도 스스로 인식할 수 있다. 조직의 성향이 내부 지향인지 고객 지향인지 확연하게 행동으로 드러나므로 변혁에 대한 Trigger를 당기기 쉽다.

개인의 자기 인식을 촉구한다는 점에서 장점이 크다.

• 단점　　변혁에 저항하는 무리는 단호하게, 그리고 암암리에 저항한다. 본능적으로 자기방어 반응이 발동해 집요하게 저항하는데, 여기서 주춤하며 기가 꺾이면 변혁 자체가 정체되므로 변혁의 대상을 정벌할 때까지 절대로 손을 놓아서는 안 된다. 개혁 그룹은 늘 소수파이게 마련이므로 머지않아 고립 상태에 빠지고 결국 대부분의 조직 문화 개혁 활동은 실패로 돌아간다.

• 개혁의 돌파구로 이용할 경우 주의할 점　　개혁파는 늘 소수다. 대세에 편승하는 사람들의 비율은 대개 80%라고 한다. 따라서 개혁파가 도중에 쫓겨나지 않게 하려면 고객 등을 통한 외적 압력이

나 최고경영자의 강력한 지원이 필요하다. 개혁파의 성공이 조직 전체에 널리 소개되고 장려되지 않으면 안 된다. 이를 지원할 수 있는 그룹은 보통 최고위층 사람들뿐이다.

사내 정책의 폐해

정책(Politics)이란 사내에서 자신 또는 자신이 속한 부문을 유리한 상황으로 이끌기 위해 구사하는 책략을 말한다. 사내 항쟁의 한 형태이지만 최종적으로는 사장이나 부문의 최고 직책을 노린 책략으로 이어진다.

종신고용제가 유지되던 시절, 승진을 위해 오랜 세월 동지 간에 벌여온 싸움이므로 주변 그룹까지 끌어들인 전국시대의 세력쟁탈전과 같은 양상을 띤다. 이를테면 은밀한 공작을 펼쳐 상대방의 실패를 유도하거나 공적은 내 것으로 만들며 상대방이 성공할 만한 여지는 모조리 봉쇄하는 등 실로 정당의 파벌 활동과 똑같은 일들이 벌어진다. 그 여파로 정당한 의사결정은 저해된다.

사실 이런 요인들은 합리적인 경영구조 모델이나 의사결정의 기본 프로세스로는 개선할 수 없는 면이기도 하다. 경영 이념이나 신조, 행동 지침, 윤리 강령 등이 이런 폐해를 제어하는 기능을 하기도 하지만 이런 사람들은 이를 완전히 무시해버리기 때문이다.

이상의 고찰을 통해 다음과 같이 결론 내릴 수 있다.

조직의 의사결정 스피드를 높이고자 한다면 먼저 의사결정 스피드를 지연시키는 근본적인 요인 분석부터 해야 한다. 이는 의사결정의 기술, 경영구조 모델, 정보 공유와 활용, 조직 문화라는 네 가지 요소를 제각기 재검토, 재평가하는 작업을 의미한다. 이들은 서로 중복되기도 하면서 서로 영향을 미친다. 그중에서도 의사결정 기술은 다른 요소를 효과적으로 해결하는 기초, 근본이 되는 부분이므로 이를 무시한 개혁은 효과를 얻기 어려운 동시에 정착하지도 못할 것이다.

이 네 가지 요소는 모두 일장일단이 있으므로 하나의 요소만으로는 개혁을 성공시킬 수 없다. 기업이 가지고 있는 조직 문화, 경영구조 모델의 진화, 인재 능력의 수준, 정보의 활용 환경의 정비, 그리고 경영 성과의 현상과 미래상을 통해 그 조직에 적합한 독자적인 구조개혁 계획을 수립하는 것이 바람직하다.

전문가의
빠르고 과학적인 의사결정

무엇보다도 의사결정 스피드가 촉진되면 실적이라는 구체적 성과를 얻게 되므로 조직 전체에 자극이 되며 지속적으로 의사결정의 기본 메커니즘을 활용할 수 있다.

전문가(Professional)에 대한 정의는 사람에 따라 제각기 다를 것이다. 돈을 받는 것으로 프로와 아마추어를 구분하는 사람이 있고, 특별한 영역에서 전문 지식으로 구분하는 사람도 있다. 또한 자신의 특정 능력이 시장에서 가치를 지닌다면 그것이 바로 프로의 증거라고 말하는 사람도 있으며, 인재를 채용할 때 보통 임금의 2배를 지불하고 고용한다면 이를 프로의 증거라고 보는 사람도 있다.

여기서는 '비즈니스 여하를 막론하고 전적인 신뢰를 받으며 업무에 책임을 질 수 있는 사람', '일단 일을 위임받으면 반드시 예정대로 업무를 달성하는 사람'을 전문가로 정의하고 이야기를 진행하고자 한다.

따라서 전문가의 요건은 다음과 같다.

- 특정한 업무 영역에서의 지식, 경험이 깊고 풍부하다.
- 심각한 실패나 성공 체험을 통해서 사물을 보는 관점이나 사고방식을 재편성, 지혜의 단계로 끌어올린다.
- 전문지식 분야뿐만 아니라 폭넓은 시야로 자신의 업무를 객관적으로 관찰한다.
- 조직의 목표 실현을 위해 자신이 나아가야 할 방향을 의사결정하며, 주위 사람들에게 동기부여하고 팀의 능력으로 소정의 목표를 실현시킬 수 있다.

이렇게 정의하면, 전문가가 지도력을 발휘해나가기 위해서는 의사결정 기술이 불가결한 요소임을 알 수 있다. 특히 주위 동료들의 신뢰를 통해 업무를 처리하고 그 동료들의 성장에도 공헌하기 위해서는 사물을 보는 능력, 판단하는 능력, 실천을 통해 확인하는 능력이 갖추어져 있어야 한다. 이를 위해 고려해야 할 것, 노력해야 할 것이 무엇인지 살펴보자.

자신의 의사결정 기술을 끊임없이 연마하려면

프로의 세계에는 이 정도로 충분하다는 골라인이 정해져 있지 않다. 운동 경기에서는 세계기록이 끊임없이 갱신되며 프로 골퍼 타이거 우즈도 수많은 강적들의 추격을 받고 있다. 비즈니스 세계 역시 같은 업종의 올림픽이 계속되고 있다. 더욱 정확한 결정을 내리고 더욱 많은 사람들에게 동기부여함으로써 총력전을 펼치며 쉴 새 없이 경쟁하고 있는 것이다.

의사결정 기술이란 끊임없는 연구를 통해 실천하고 반성하며 지속적으로 연마해야 하는 것이다. 마쓰시타 고노스케나 혼다 소이치로의 의사결정 성공 확률도 30% 정도에 불과했다고 한다. 나머지 70%는 실패라는 말이다. 미국 프로야구에서 맹활약 중인 스즈키 이치로 선수조차 타율은 4할대에 이르지 못한다. 이치로 선수는 늘 기술 연마를 위한 노력에 끝이라는 단어는 존재하지 않는다고 강조한다. 마찬가지로 비즈니스 전문가가 의사결정의 성공률을 높이고자 한다면 의사결정 기술을 지속적으로 연마하지 않으면 안 된다.

제1부에서 살펴본 의사결정의 기본 메커니즘은 이를 위한 가이드이자 기술을 높여나가는 입문서다. 다만 여기서 말하는 입문이나 가이드라는 단어는 설명서나 매뉴얼과는 다르다는 점을 기억하기 바란다.

프라모델(Plastic Toy-model Kit) 조립세트에는 매뉴얼이나 설명서가 반드시 첨부되어 있다. 그 설명서에서 지시하는 대로 작업을 진행하기만 하면 프라모델이 완성된다. 이와 달리 입문서나 가이드에는 목적지나 골문에 이르는 도표는 표시되어 있지만, 각 구간을 어떻게 넘어가야 하는지에 대해서는 세세하게 규정되어 있지 않다.

의사결정의 기본 메커니즘은 Trigger → Situation → Objective → Alternative → Criteria & Choice → Risk Management로 표시되어 있으나 이것만으로는 Objective를 어떻게 설정할지, Alternative를

어떻게 구상할지에 대해 알 수 없으며, 세세한 규정을 제시하지도 않는다. 이것이 바로 설명서와 가이드의 차이점이다.

똑같은 상황에서도 Objective를 능숙하게 설정하는 사람과 그렇지 못한 사람은 나타나게 마련이다. 똑같은 사람이 어떤 경우에는 능숙하게 Situation을 분석하다가도 어떤 경우에는 Objective를 잘못 설정하는 일도 흔히 일어난다. 실패의 경험을 통해 스스로 생각하고 평가, 분석함으로써 독자적인 법칙이나 점검 포인트를 만드는 것이 바로 지혜다.

각각의 기본 프로세스마다 지혜가 쌓이다 보면 경쟁자와 대등한 수준에 이르게 된다. 여러분 역시 의사결정을 할 때 적어도 70% 정도의 실수를 저지르고 있으므로 의사결정 기술을 연마할 부분은 그야말로 산더미처럼 쌓여 있다고 할 수 있다. Risk Management를 예로 들면, 클레임이 발생했을 때 매스컴에 대응하는 사장의 태도가 좋은지 나쁜지 내부에선 제대로 파악할 수 없을지 몰라도 외부에서는 확실하게 보인다. 왜 저런 어처구니없는 실수를 저지를까 의아스럽겠지만, 이는 사장의 Risk Management에 대한 지식과 견문이 제대로 정리되어 있지 않기 때문이다.

의사결정 기술에 관해서는 자신의 경험에 근거하여 최소 2시간 정도는 언제든 강연할 수 있다는 목표를 세우고 계속 공부해나가기를 바란다.

TSPV 질문과 의사결정의 기본 메커니즘

규모가 큰 사업이나 대형 프로젝트를 책임진 경우, 모든 것을 스스로 결정 내리고자 한다면 아마 당신 데스크에는 결재를 바라는 긴 행렬이 만들어질 것이며 다른 직원들의 업무조차 정체될 것이다. 안심하고 일을 맡길 수 있는 인재에게는 의사결정을 위임해야 하는데 현실적으로 그럴 만한 사람이 적은 것은 사실이다.

안심하고 맡길 수 있는 사람과 그렇지 못한 사람의 차이는 어디에 있을까? 아마도 Situation 인식 능력과 판단력에 있지 않을까 생각한다. 이 두 가지는 지금까지 학습해온 의사결정의 기본 메커니즘과 TSPV 분석 기술로 충분히 메울 수 있는 영역이다.

일일이 책을 들여다보며 공부할 여유가 없을 때는 부하 직원들에게 이 기술을 기본적으로 익히고 훈련하도록 지시한다. 그런 뒤 그에 근거해 판단 내리도록 시스템을 갖춘다면 심각한 실수는 예방할 수 있으며, 각 프로세스마다 어떤 정보를 이용했는지도 간단히 점검할 수 있다. 또한 각각의 프로세스에서 수집한 정보를 제출하도록 조치해둔다면 자연스럽게 정보가 정리되므로 이용하기도 쉽고 정보의 수준이나 질도 간단히 판단할 수 있다. 이때 각 프로세스를 질문 스타일로 정리해두면 누구든지 이용하기 쉬운 정보 환경이 갖추어진다. 이러한 관리 방법을 프로세스에 의한 관리(Management by Process)라고 한다.

- Trigger는 무엇인가?

- Trigger의 배경이나 주변 정보는 파악했는가?

- Objective는 어떻게 결정했는가?

- Alternative은 무엇인가?

- 선택 기준은 무엇인가?

- Risk Management는 어떠한 것들이 있는가?

　　이런 식으로 질문하면 상대방의 사고 흐름을 파악할 수 있으며, 어떤 정보를 활용하고 있고 그 의사결정의 근거가 옳은지 그른지에 대한 시비도 파악하기 쉬워진다. 하루라도 빨리 육성하고 싶은 부하 직원이 있다면 이런 과정을 집요하게 반복 훈련시킨다. 즉 부하 직원의 사고 습관으로 정착될 때까지 반복 훈련시켜 주입한다.

　　또한 성공한 의사결정과 실패한 의사결정에 관한 요인 분석 역시 반복해서 해야 한다. 의사결정의 실패는 기본 프로세스 중 어느 부분의 정보 부족이나 판단 오류가 발생했기 때문에 일어나는 일이지만 더욱 근본적인 요인은 의사결정 Situation에 대한 오판, 즉 TSPV 분석이 세대로 이루어지지 않은 데서 발생한다.

- T : 시간은 어느 정도 있는가? 유예 시간은 얼마나 있는가?

- S : 정보는 어느 정도 수집되어 있는가? 앞으로 얼마만큼 수집할 수 있는 가?

- P : 논리적 판단을 내릴 수 있는 조건이 어느 정도 구비되어 있는가?

- V : 자기 자신, 조직, 주위의 가치관이 어느 정도 기여할 수 있을까?

이러한 판단들을 어느 정도 시간이 지난 뒤 반성해보면 시간을 제대로 읽지 못했거나 정보 수집의 부족, 논리적 판단에 필요한 환경이 갖추어지지 않았거나 가치관을 제대로 파악하지 못하는 등의 실수가 명확히 드러난다. 반성하는 시간을 가짐으로써 조직 전체가 이를 교훈으로 삼아 공유해나가는 것이 조직의 의사결정 능력을 높이는 길인 동시에, 의사결정의 투명성까지 높이는 일이므로 조직의 분위기도 밝아진다.

회의를 효율적으로 진행하려면
목적을 공유해야 한다

회의가 제대로 이루어지지 않는 이유는 대개 의사결정의 목적이 명확히 규정되지 않은 상황에서 진행되기 때문이다. 회의라는 수단이 효과를 발휘하는 경우란 다음의 세 가지 상황에서다.

1. 회의를 기획하고 참여하는 사람이 늘어남으로써 정보의 질적 증가 및 양적 증가가 일어나고 이를 구성원이 공유하게 된다.
2. 의사결정 자체에 참여함으로써 실행을 위한 동기부여가 확대된다.
3. 서로 다른 의견을 절충하는 사이 새로운 발상이 이루어진다.

목적 달성을 위한 의사결정에 회의라는 수단을 활용할 경우, 전문가 리더들은 목적에 적합한 회의 참가자와 운영 방법을 선택하지 않으면 안 된다. 예를 들면 다음과 같은 식이다.

A : 참가자가 정보를 가지고 토의 및 안을 구상하며 의사결정한다.
B : 참가자가 정보를 가지고 토의 및 구상하며 추천안을 만들지만,
　　의사결정은 리더가 행한다.
C : 참가자가 정보를 가지고 토의하며 리더가 안을 구상하고 의사결정한다.
D : 참가자가 정보를 제공하고 리더가 안을 구상하며 의사결정한다.

조직경영 모델에서는 회의의 의사결정 분류와 체계화가 반드시 이뤄져야 할 사항이다. 이때 의사결정이 누구의 책임과 권한으로 귀착하는지, 또 이 의사결정에 어떠한 참여가 필요한지도 미리 규정되어 있어야 한다.

일본인들에게는 '다 같이 상담, 다 같이 결정, 다 같이 실행' 하는 '다 같이 의식'이 뿌리 깊은데 이것이 의사결정 스피드를 저해하는 결정적인 요소다. 경영층에 가까워질수록 어려운 의사결정을 내림으로써 높은 보수를 받는다는 요소가 강하다. 월급을 많이 받는 이유는 리스크를 짊어지고 의사결정을 내리기 때문이므로 실패하면 당연히 그 직책과 지위도 잃는다.

따라서 자신이 결정하지 않으면 안 되는 것을 명확하게 분류하고 사전에 공지해두는 작업이 중요하다. 스스로 결정 내려야 할 것, 타인이 결정해야 하는 것이 명확히 분류되어 있다면 참여하는 사람들

도 당연히 한정되게 마련이다.

의사결정 결과의 실행을 촉진하려면

의사결정은 실행으로 옮기지 않는다면 아무런 소용이 없다. 그러나 정해진 것들이 실행으로 옮겨질 확률, 실행으로 옮겨진 것이 마지막까지 도달할 확률을 실제로 조사해보면 눈을 의심할 정도로 성공률이 낮다.

기업은 결정한 사항을 실행하지 않는 집단이라고 정의 내려도 좋을 만큼 수많은 결정 사항들이 실행 과정에서 다양한 장벽에 부딪혀 자연 소멸된다. 부하 직원이 보자면, 리더인 당신의 결정은 방향성이나 목표의 결정이며 Trigger에 지나지 않는다. 따라서 부하 직원의 처지에서 실행하기 위한 의사결정 프로세스의 적용이 필요하다.

대부분의 경우 상사에게는 도전 목표이지만 부하 직원의 처지에선 강제 목표다. 목표에 대한 동기부여의 매니지먼트가 필요하다는 말이다. 가난한 시절에야 '말에게 홍당무' 식으로 단순한 동기부여가 효력을 발휘한다. 그러나 오늘날의 사람들이 바라는 바가 지위나 돈만이 아니라는 점은 분명하다. 성과주의의 기계적 도입이 많은 기업에서 실패했다는 사실이 그것을 증명해준다.

당신이 결정한 목표가 부하들의 이해를 얻기 위해서는 다음과 같은 동기부여 프로세스가 필요하다.

- 목표가 조직과 개인에게 의미 있고 가치 있는 일일 것.
- 목표를 실현해나갈 환경이 갖추어져 있을 것.
- 목표를 달성할 수 있는 능력이 구비되어 있을 것.
- 도전 활동에 대한 결과의 피드백이 지속적으로 이루어질 것.
- 최종 결과에 대한 평가나 보상이 명확히 구체적으로 제공될 것.
- 다음 목표 구성에 이 결과가 반영될 것.

특히 의사결정과 행동이 본인의 능력을 향상시키는 기회가 될 것, 그리고 리더로서 구성원의 능력 향상이라는 사명을 짊어지고 이를 완수하겠다는 강력한 의지가 자신에게 있음을 반복해서 표명해나가는 자세가 필요하다.

빠르고 과학적인 의사결정을 조직의 신념으로 승화시키려면

강한 팀을 만들고자 한다면 그 팀이 가지는 공통의 신조나 행동 지침을 내세우고 그것을 강령으로, 일상적인 행동 규범으로 삼아야 한다. 창조성 발휘, 결과에 대한 강한 집념, 만족을 모르는 도전, 세계 최초 혹은 최고를 지향하며 고객 지향, 성심성의, 성실함 등 팀이 공유하는 희망과 꿈은 조직을 강하게 키워나가기 때문이다.

시간이 지나 팀의 구성원이 리더의 가르침을 떠올릴 때, 자연스럽게 이 공통의 신념이 떠오른다면 당신의 정열, 집념은 제대로 전달된 것이라 생각한다. 특히 '의사결정과 행동의 스피드'라는 단어를 강령으로 채택할 것을 강력히 추천한다.

지금까지 의사결정 스피드는 배후의 다양한 조직적 요인의 영향을 받은 결과로 나타나는 현상임을 누누이 설명해왔다. 즉 의사결정이 지체되는 이유를 조사하다 보면 그 조직이 지닌 약점이 자연스럽게 표출되므로 조직 강화를 위한 단서도 포착하기 쉽다. 즉 경영구조 모델이 미숙하거나 낡은 내부지향 문화가 남아 있거나 정보활동이 제대로 이루어져 있지 않거나 인재 육성이 지연되어 있는 등의 문제점이 속속 드러난다.

의사결정 스피드가 조직의 능력 강화에 기여하는 장점을 들라면 다음과 같은 것들이다.

- 의사결정이 지체되는 요인을 구체적으로 공격함으로써 조직의 구성원들이 해결하는 방법을 확인하기 쉽다.
- 각각의 구체적인 지연 요인을 제거해나가는 활동 자체가 조직 구성원들의 구체적인 장점으로 전환되므로 환영받는다.
- 의사결정이 지연되는 실상을 파악하고 분석, 분류한다면 조직의 종합적인 개혁안으로 활용할 수 있다.
- 적극적인 공격 수법이므로 구성원들의 자세가 능동적으로 변화한다.

- 심리적인 문제로 치부해버리기 쉬운 추상적인 조직 문화 개혁이나 표면상의 방침으로 그치기 십상인 회의 효율화 등의 방안에 리스크가 적다.
- 의사결정 스피드를 향상시키기 위한 사례 연구를 반복하다 보면 결과적으로 의사결정 기본 프로세스를 습득할 수 있다.
- 무엇보다도 의사결정 스피드가 촉진되면 실적이라는 구체적 성과를 얻게 되므로 자극이 되며 지속적으로 활동할 수 있다.

빠르고 과학적인
의사결정의 원칙

초판 1쇄 인쇄 2007년 3월 9일
초판 1쇄 발행 2007년 3월 12일

지은이 나카지마 하지메
옮긴이 김은주
펴낸이 박종홍
펴낸곳 이코북

기획편집 박윤희
표지디자인 드래곤플라이
본문디자인 유현희
교정 배전미

주소 서울시 마포구 동교동 153-18호 2층
전화 02) 335-6936
팩스 02) 335-0550
이메일 ecobook@paran.com

ISBN 978-89-90856-22-7 (03320)

값 10,000원

잘못된 책은 구입하신 서점에서 교환해 드립니다.